SABINE BROMKAMP

Wie wir uns mit dem Universum VERBINDEN und auf Empfang stellen

20 ÜBUNGEN

Die Ratschläge in diesem Buch sind sorgfältig erwogen und geprüft. Sie bieten jedoch keinen Ersatz für kompetenten medizinischen Rat. Alle Angaben in diesem Buch erfolgen daher ohne Gewährleistung oder Garantie seitens der Autorin oder des Verlages. Eine Haftung der Autorin bzw. des Verlages und seiner Beauftragten für Personen-, Sach- und Vermögensschäden ist ausgeschlossen.

ISBN 978-3-8434-1335-0

Sabine Bromkamp:
Mehr Magie
für dein Leben

Umschlag: Simone Fleck, Schirner,
unter Verwendung von #92194063 (©Kudryashka), #257810392 (©Olena Horiainova), #529478503 (©Olena Horiainova), #680198230 (©chyworks), #341320430 (©dwph), www.shutterstock.com
Layout: Marie Springer, Schirner
Lektorat: Kerstin Noack, Schirner
Printed by: Ren Medien GmbH, Germany

www.schirner.com

1. Auflage April 2018

Inhalt

Einleitung

Fühlst du dich auch manchmal allein?

Hast du hin und wieder das Gefühl, auf dem falschen Weg zu sein oder dass irgendwas in deinem Leben nicht stimmt? Und wünschst du dir, endlich Antworten finden zu können – in dir und durch dich?

Wünschst du dir manchmal, dass es da jemanden gibt, der dich leitet und dir zur Seite steht? Wünschst du dir, dass es da »etwas« gibt, das dir deinen Weg erhellt?

Und bist du es leid, dich immer nur von deinem Verstand führen zu lassen, weil du spürst, dass es einen spirituellen, intuitiven Teil in dir gibt, der kostbare Botschaften für dich bereithält?

Wünschst du dir einfach mehr Magie für dein Leben?

In diesem »magischen« Buch möchte ich dir helfen, zu erkennen …

- dass du nie allein bist,
- dass dein Leben einfach MAGISCH sein kann,
- dass du geführt wirst,
- dass du verbunden bist,
- dass dein Leben voller Wunder ist
- und vor allem, dass du immer um Botschaften bitten kannst.

Botschaften? Von wem?
Geführt? Von wem?
Verbunden? Mit wem?

Auf diese Fragen wirst du in diesem Buch Antworten finden.

Ich gebe dir 20 Übungen an die Hand, die es dir ermöglichen, endlich wieder Botschaften, Impulse und Ideen zu empfangen. Kurz gesagt: In diesem Buch lernst du, den Kanal, der dich mit dir selbst und mit »allem, was ist« verbindet, zu öffnen und dich voll und ganz auf Empfang zu stellen. Du wirst mit der Zeit ein unendliches Vertrauen aufbauen – das Vertrauen darin, dass du nie allein bist und immer »jemanden« um Unterstützung bitten kannst.

Ich gebe dir hier nur Tipps, die ich selbst ausprobiert und wirklich erfahren habe. Ich kann dir deshalb aus vollster Überzeugung sagen, dass die Inhalte dieses Buches absolut WIRKSAM sind, wenn du dich den Möglichkeiten öffnest, die auf dich warten.

Wahrscheinlich gehörst du (so wie ich auch) zu den Menschen, die wahnsinnig gern lernen und sich von Herzen gern inspirieren lassen. Überall in unserem Alltag warten interessante Themen und spannende Impulse. Die Möglichkeiten sind schier unendlich. Das kann uns ab und an überfordern, weil wir immer mehr Neues lernen, aber nicht ausreichend Zeit für die UMSETZUNG einplanen. Aus diesem Grund gebe ich dir in diesem Buch nicht nur viele wertvolle Übungen an die Hand, ich helfe dir auch, diese umzusetzen. Schritt für Schritt. Ganz nach deinen Bedürfnissen und Vorlieben. Mit viel Freude und Neugierde.

Am Ende des Buches findest du einen Praxisteil, mit dessen Hilfe du die Übungen über einen längeren Zeitraum ausprobieren und mit ihnen experimentieren kannst. So findest du von der Theorie in die Praxis. ♥

In diesem Sinne wünsche ich dir nun viel Freude mit diesem Buch. Möge es dich dabei unterstützen, in dir selbst und im Leben anzukommen – geführt und geleitet.

Woher kommen sogenannte Eingebungen?

Wenn jemand davon spricht, dass er in einer bestimmten Situation ein »komisches Bauchgefühl« hatte, dann kann sich sicherlich jeder etwas darunter vorstellen. Auch die Begriffe »Intuition« und »innere Stimme« sind uns mehr oder weniger vertraut.

Wenn wir diese Worte benutzen, möchten wir meistens damit zum Ausdruck bringen, dass wir eben ein gewisses Gefühl, eine Ahnung oder einen Gedanken hatten, den wir in bestimmten Situationen wahrgenommen haben.

Doch, woher kommen diese Gefühle, Eingebungen oder Gedanken? Kommen sie plötzlich und unverhofft? Oder können wir gar darum bitten, z. B. dann, wenn wir eine Entscheidung treffen müssen oder einen entscheidenden Hinweis brauchen? Können wir selbst aktiv etwas dafür tun, mehr Impulse zu bekommen? Oder zählt hier das »Zufallsprinzip«?

Ich möchte dir erzählen, wie ich das sehe:
Wir alle sind energetische Wesen. Und alles, was wir wahrnehmen können, besteht aus Energie – andere

Menschen, Tiere, Bäume, Pflanzen, Steine, einfach alles. Sogar der Stuhl, auf dem wir sitzen. Materie ist verdichtete Energie, so sagt es die Quantenphysik.

Da ich selbst auch mit einer energetischen Heilmethode (ThetaHealing® von Vianna Stibal) arbeite, bin ich absolut davon überzeugt, dass wir uns energetisch mit allen Schwingungen bzw. Energien um uns herum verbinden können. Auch das Quantenfeld um uns ermöglicht es uns, Informationen »aus dem Feld« empfangen zu können. Zudem können wir auch direkt mit dem Schöpfer, mit der Urquelle allen Seins, kommunizieren.

Ich selbst hatte in meinem Leben schon viele WOW-Erlebnisse, die mir gezeigt haben, dass wir immer die Möglichkeit haben, andere Energien wahrzunehmen und mit ihnen zu arbeiten. Im Grunde ist alles Energie. Auch die Verstorbenen leben meiner Ansicht nach weiter, auch wenn der Körper »abgelegt« wird. Energie kann nicht verschwinden. Sie existiert immer weiter.

Genau wie ein Regentropfen. Kann er verschwinden? Nein,

er nimmt nur eine andere Form an, scheidet aber aus dem Kreislauf des Lebens niemals aus. Mal ist er Teil einer Regenwolke, mal Teil des Meeres, mal Teil der Erde, mal Teil der Luft … aber er ist immer da.

Und genau so stelle ich mir das auch mit unserer eigenen Energie vor: Unsere Energie ist niemals verloren oder »weg«.

Kehren wir nun zu der Frage zurück, von wem denn jetzt die Eingebungen kommen.

Ich bin der Überzeugung, sie können von überall her kommen. Aus dir selbst und auch »von außen«. Alles ist miteinander verbunden. Und wir können jeden und alles um Rat fragen. Wir können Kontakt mit Verstorbenen aufnehmen, wir können lebende Tiere kontaktieren, sogar Bäume, Pflanzen, Blumen … Wir können uns **bewusst** mit allem verbinden.

Wir können unsere »Kanäle« so öffnen, dass wir immer irgendwie im Kontakt mit unserer Umwelt stehen und empfänglich sind für Botschaften, Impulse und Eingebungen. Jedoch kann das auch »zu viel« werden, denn wir dürfen nie vergessen: Wir sind immer noch MENSCHEN. Wir leben in der Illusion des Getrennt-Seins, und das ist vollkommen okay. Deswegen musst du nicht immer und ständig für alles und jeden offen sein. Getrennt zu sein, oder anders gesagt, sich abzugrenzen, kann sehr gesund sein.

Folgendes ist mir sehr wichtig zu sagen: Du **selbst** bist ein Energiewesen. Du bist unglaublich kraftvoll. Ich nenne es »dein Höheres Selbst«. Auch mit diesem Höheren Selbst kannst du zusammenarbeiten. Es ist dein eigener Spirit, deine eigene Kraftquelle, und mit ihr kannst du **Antworten in dir selbst** finden. Vielleicht nennst du es »innere Stimme« oder »Intuition« – es meint alles dasselbe.

Menschen suchen zu oft nach Antworten im Außen. Dabei ist IN DIR ALLES DA. Ich glaube, in dir liegt ein ganzes Universum. Unterschätze nicht deinen eigenen Geist und vor allem nicht ***deine eigene Schöpferkraft.*** Die Kontaktaufnahme mit Verstorbenen, Bäumen, Tieren etc. kann toll und hilfreich sein. Aber mache dich davon niemals abhängig. Suche IN DIR. Dort wirst du alles finden. Du selbst hast die Fäden in der Hand. Du selbst bist Spirit, und du kannst die Urquelle anzapfen.

In diesem Buch geht es darum, zu lernen, wie du selbst wieder in deine Kraft findest und wie du dich für deine eigenen Botschaften, für deine innere Stimme und für deine Intuition öffnest.

Ich glaube zwar daran, dass wir in unserem Leben von einem Spirit-Team begleitet werden, das uns Botschaften und Impulse zukommen lässt (je nachdem, wie offen wir dafür sind), jedoch empfehle ich dir, dich – wenn du die nachfolgenden Übungen machst – nicht darauf zu versteifen, unbedingt wissen zu wollen, woher genau die Eingebungen kommen, die du erhältst.

Für den Anfang ist es völlig ausreichend, dass du dich dafür öffnest, Ideen, Impulse und Botschaften zu empfangen, dass du wieder ein Gespür für deine innere Stimme bekommst und dass du ein Vertrauen darin entwickelst, dass du jederzeit dein Herz fragen kannst, wenn du Hilfe brauchst. Alles ist in dir. Du bist mit einer unfassbaren Schöpferkraft ausgestattet. Und du bist mehr, als du denkst. Erkenne deinen eigenen Spirit. ♥

Warum ist es sinnvoll, die »Kanäle« zu reinigen?

Vielleicht fragst du dich, warum es überhaupt sinnvoll ist, die Kanäle zu reinigen und dich auf Empfang zu stellen. Zu Beginn des Buches sind wir schon kurz darauf eingegangen. Möglicherweise fühlst du dich oft einsam. Vielleicht fühlst du dich irgendwie »abgeschnitten«. Oder du spürst, dass irgendwas in deinem Leben fehlt.

Wenn du deine Kanäle öffnest, verschwindet das Gefühl der Einsamkeit. (Achtung: Ich spreche hier von dem Gefühl der Einsamkeit, das spürbar ist, **obwohl** soziale Kontakte vorhanden sind. Wenn du dich einsam fühlst, weil du als Menschen alleine bist und niemanden hast, dem du dich zugehörig oder verbunden fühlst, dann solltest du dich darum kümmern, dir ein soziales Netz aufzubauen. Aber das ist wieder ein anderes Thema.)

Es gibt aber noch mehr Gründe, warum es sinnvoll und hilfreich ist, deine Kanäle zu öffnen. Ich glaube daran, dass alles einen Sinn hat. Auch unser Leben. Auf die Frage, was der Sinn des Lebens ist, gibt es viele Antworten, aber niemand weiß es ganz genau.

Ich glaube, dass der Sinn des Lebens darin besteht, zu leben. ***Und l-e-b-e-n bedeutet Facettenreichtum, Mensch sein, Erfahrungen, Höhen und Tiefen, Geist sein, Energie sein, Vertrauen, auf den Wellen des Lebens surfen, Spaß haben, Freude empfinden, traurig sein, arbeiten, genießen, Aktivität, Passivität, Verlust, Hingabe, Ablehnung, Schmerz … alles, einfach alles gehört zum Leben dazu.***

Meiner Meinung nach klammern wir einen wichtigen Teil des Lebens aus, wenn wir außer Acht lassen, dass wir energetische, spirituelle Wesen sind, und wenn wir eben völlig unbewusst für unsere eigene Schöpferkraft durchs Leben gehen. Denn wir sind **alles,** Mensch, Fleisch, Blut, Haut und Haar und eben auch Energie und Schöpfernaturen.

Wenn wir unsere Kanäle nicht öffnen und uns auf Empfang stellen, gibt es einen blinden Fleck in unserem Leben, eine unbewusste Gewissheit, die uns immer das Gefühl gibt, dass in unserem Leben etwas fehlt. Fühlt sich das gut an? Fühlt sich das erfüllend und beglückend an, wenn wir einen wichtigen Teil von uns ausklammern? Nein, ganz sicher nicht.

Das bedeutet im Umkehrschluss, dass wir mehr Fülle, mehr Glück und mehr Freude spüren können, wenn wir eben alle Aspekte unseres menschlichen Lebens mit einbeziehen.

Oder kurz gesagt: Integrieren wir unser spirituelles Schöpferwesen in unser Leben, ist das ein wichtiger Schritt in Richtung ***VOLLKOMMENHEIT.***

Und was ist Vollkommenheit? Einfach ALLES.

Erkenne dich, deine Schöpferkraft, deinen Spirit. Und öffne dich damit für neue Möglichkeiten. Du wirst es lieben. ♥

Ganz nebenbei: Durch offene Kanäle erhältst du eher und leichter Hilfestellung, wenn du in Not bist, Entscheidungen treffen musst, Ideen brauchst oder Impulse benötigst, die dich weiterbringen sollen. Es lohnt sich also allemal, die Übungen in diesem Buch auch wirklich durchzuführen.

TIPP

Es gibt eine Facebook-Gruppe zu diesem Buch, sie heißt »Mehr Magie für dein Leben«:
www.facebook.com/groups/153815455233483
Ich freue mich, wenn du dort vorbeischaust. ♥

Vorwort zu den Übungen

Im Laufe dieses Buches stelle ich dir Übungen vor, die dich dabei unterstützen, deine Kanäle zu öffnen. Vielleicht wirst du dich an der einen oder anderen Stelle wundern, dass die Übungen und Tipps so banal klingen.

Wir Menschen sind irgendwie darauf programmiert, dass es »abenteuerlich«, schwierig oder besonders herausfordernd sein muss, etwas Neues zu lernen. Auch glauben wir, dass etwas nur wirkungsvoll sein kann, wenn es uns besonders viel Mühe gekostet hat.

Dabei ist die Kunst, die Dinge in ihrer Einfachheit zu erkennen und dann auch tatsächlich umzusetzen.

Ich lege dir ans Herz, die Übungen einfach auszuprobieren und neugierig auf das zu sein, was da kommen mag.

Ich bin davon überzeugt, dass du mit den Übungen einen ganz wichtigen und großen Schritt gehen kannst, um dich zu verbinden – mit dir, mit dem Universum und mit all seiner Vollkommenheit.

Es ist wahrlich MAGISCH, was geschieht, wenn wir den spirituellen Teil unseres Lebens wirklich annehmen und leben.

WAS MIR NOCH WICHTIG IST:

Es geht nicht darum, jetzt NUR NOCH Übungen dieser Art zu praktizieren und sich NUR NOCH mit spirituellen Dingen zu beschäftigen. Aber sie sind ein Teil von uns, und ich weiß, wie es sich anfühlen kann, wenn dieser Teil ausgeklammert wird.

Dein Leben hat so viele Facetten, umfasst so viele Bereiche, und alles möchte gelebt werden. Deshalb, bleibe bei all deinem Tun auch immer noch Mensch. Achte darauf, dass du dich nicht in die spirituelle Welt flüchtest und das Irdische vergisst. Du bist Mensch. Du wirst hier gebraucht, und dein Leben hat einen Sinn. LEBE. Feiere das Leben, feiere DICH. Stürze dich in die Abenteuer des Lebens, nimm Herausforderungen an, und tobe dich auf der »Spielwiese deines Lebens« ordentlich aus. Als Mensch. Hier. Auf der Erde. Und gib dabei auch deiner Schöpferkraft, deiner Seele, deinem Spirit entsprechenden Raum.

Bewahre die Balance, und spüre immer gut in dich hinein, was du JETZT gerade brauchst. Das Leben unterliegt einem ständigem Wandel, ständiger Veränderung. Ich weiß, dass wir manchmal überhaupt keinen Kopf haben, um uns den spirituellen Dingen zu widmen. Und dann kommt wieder eine Zeit, in der es uns unfassbar guttut, uns dem hinzugeben. Alles ist gut. Alles zu seiner Zeit. DU ENTSCHEIDEST, denn du bist der Schöpfer deines Lebens.

So, nun habe ich 20 Übungen für dich. Schau sie dir an. Manche werden etwas in dir berühren, und andere findest du vielleicht weniger interessant. Lies einfach eine Übung nach der anderen durch, und spüre in dich hinein, welche dich anspricht. Im anschließenden Praxisteil kannst du dann ganz entspannt mit den Übungen starten, die dich am stärksten berührt haben. Schritt für Schritt. In deinem Tempo. So, wie es dir gefällt.

Vielleicht magst du aber auch völlig spielerisch an die Sache herangehen. Am Ende des Buches findest du 20 »Kärtchen«, die du ausschneiden kannst und die die jeweiligen Übungen repräsentieren. Wenn du sie ausgeschnitten hast, kannst du täglich, wöchentlich – oder wann immer du willst – eine Karte ziehen und die gezogene Übung einfach einmal testen. Du bestimmst die Spielregeln. ♥

ÜBUNG 1

Ganz bei dir SEIN

Ganz bei dir zu sein bedeutet in die Stille zu gehen. »Och nee, das ist langweilig«, denkst du vielleicht gerade?

Dann ist diese Übung erst recht **perfekt** für dich.

Probiere sie aus. Betrachte sie als ein Experiment, und beobachte, was sich verändert, wenn du täglich einfach nur 10 Minuten dasitzt, die Augen schließt und atmest. SEIN. Völlig in dir. Nur mit dir. In deiner Kraft sitzend. Das ist magisch.

Es kann eine große Herausforderung sein, in die Stille zu gehen. Oft fühlen wir uns zunächst überwältigt von dem unglaublichen Gedankenansturm, der uns ereilt.

Uns fällt »plötzlich« ein, was noch alles zu tun ist. Vielleicht fühlen wir uns in diesem Moment der Stille und des Nichtstuns absolut nutzlos und faul. Vielleicht denken wir, wir lassen kostbare Zeit ungelebt verstreichen, und vielleicht sind wir mit all dem Chaos, das wir dann gerade in unserem Kopf vorfinden, absolut überfordert.

Was passiert dann? Wir stehen auf und stürzen uns wieder in den Alltag. Mission »In die Stille gehen« abgeschlossen und für doof befunden. Haken dahinter.

Wenn du aber weißt, dass es dir ebenso geht wie den meisten Menschen, die sich darin üben wollen, in die Stille zu gehen, **dann kannst du mit dieser Herausforderung bewusster umgehen.**

Wir sind in der heutigen Zeit einer ständigen Reizüberflutung ausgeliefert und stehen immer auf Abruf bereit sowie immer und überall zur Verfügung: Whatsapp, Messenger, Facebook, Newsletter, Artikel, Bücher, E-Books, Kurse, Videos, Podcasts …

Gehörst du auch zu den Menschen, die ihren Geist ständig und nahezu ununterbrochen mit Input füttern? Und sorgst du für entsprechenden Ausgleich?

Stelle dir vor, du saugst ständig Wissen auf, ohne dafür zu sorgen, dass dein Geist auch einmal zur Ruhe kommen kann. Dann quillen deine Gedanken irgendwann über, und du kannst nichts mehr aufnehmen. Du fühlst dich müde, energielos und überfordert.

Wo ist da bitte noch Platz, um etwas empfangen zu können? Wo ist da Raum für Ideen, Impulse und Botschaften?

Wenn du nicht regelmäßig dafür sorgst, dass dein Geist zur Ruhe kommen kann, sind die Kanäle nicht frei. Deine innere Stimme verstummt, deine Intuition wird schwach, und dir fehlt der Elan, dein Leben bewusst und schöpferisch zu gestalten.

Beim »In-die-Stille-Gehen« kreierst du diesen Raum. Du findest in deine Kraft und aktivierst deine innere Führung.

In die Stille zu gehen, gehört zu den Königsdisziplinen. Aber wenn du weißt, dass sich möglicherweise ein Sturm anbahnt, dann kannst du mit dieser Übung den Sturm einfach vorüberziehen lassen, ohne ihm zu große Bedeutung beizumessen.

Je unruhiger dein Geist ist, desto mehr brauchst du diese Übung. 10 Minuten täglich genügen. Mehr braucht es erst einmal nicht.

Je öfter du das übst, desto mehr Ruhezeiten gönnst du deinem Geist und desto mehr Raum kreierst du für Botschaften und Impulse von innen oder außen. Deswegen meine Bitte an dich: Unterschätze diese Übung nicht.

Aus eigener Erfahrung kann ich sagen, dass das »In-die-Stille-Gehen« nicht nur heilsam ist, sondern dich in deine Kraft führt. Probiere es einmal aus, nur für ein paar Tage, und schaue, was passiert. Ich bin sicher, du wirst den Unterschied schon nach kurzer Zeit spüren.

Mir ist es selbst passiert. Ich habe diese Übung vernachlässigt und mich dann gewundert, dass ich mich so »abgeschnitten« fühlte, dass ich irgendwie gar nicht mehr das Gefühl hatte, verbunden zu sein.

Und als mir bewusst wurde, dass mir die stille Zeit fehlte, in der ich mich einfach mit meiner Kraft verbinden konnte, und ich sie dann wieder in meinen Alltag integriert habe, sprudelte ich nach kurzer Zeit wieder über – und zwar vor Ideen und Impulsen, die mir unglaublich viel Energie gegeben haben.

Verschmelzung MIT ALLEN SINNEN

Lasse mich dir eine Geschichte erzählen:

An einem schönen sonnigen Tag entschied ich mich dazu, mich in den Garten zu setzen und einfach nur zu beobachten, was um mich herum so passiert. Du glaubst gar nicht, was da los war. Die Luft war voller Insekten, Fliegen, Bienen, Wespen und auch Schmetterlingen, die alle wichtige Dinge zu tun hatten. Alle erschienen mir sehr beschäftigt, und ich dachte mir, dass gerade jedes einzelne Tier genau wusste, was es zu tun hatte.

Da fiel mein Blick auf den Boden, auf das Gras, und auch dort sah ich jede Menge Ameisen, Käfer und andere Tierchen werkeln.

Mir war noch nie aufgefallen, was da eigentlich in meinem Garten tagtäglich so los ist. Ich fokussierte mich voll und ganz auf meine Umwelt. Ich wurde EINS mit ihr, und irgendwie fühlte es sich so an, als wäre ich mit dem Moment verschmolzen. Neben mir stand ein Blumenkübel, und zig kleine Hummeln und Bienen tummelten sich an den Blüten der Blumen. Ich sah ganz genau hin und beobachtete, wie diese kleinen, wundervollen Tierchen ihren Rüssel ausstreckten und Nektar aufnahmen. Wow! Ich war so gefesselt. Ich war so mittendrin.

Als ich die Hummeln und Bienchen weiter fasziniert beobachtete, fiel mir auf, wie biegsam und flexibel ihr Rüssel doch war. So weich. So dünn. So fein. Da dachte ich mir: »Puh, ob das nicht anstrengend ist, immer den Rüssel so tief in die Blüte hineinschieben zu müssen, wenn er doch so leicht zu verbiegen ist?« Und prompt war eine Antwort in meinem Kopf: »Nein, nein, das ist gar nicht anstrengend. Die Blüten dürfen nur nicht zu trocken sein.«

Konnte es sein, dass ich gerade eine Antwort bekommen hatte?

Ich war mehr als überrascht, dass meine Frage anscheinend wahrgenommen wurde und dass auch ich in diesem Moment für Antworten empfänglich war.

Das ist übrigens das, was ich eingangs meinte: Wir können uns verbinden, mit allem und mit jedem. Und wir können kommunizieren.

Ich war in diesem Moment sehr überrascht, weil mir gar nicht bewusst war, dass ich mich allein durch das Beobachten und durch meine Faszination so dermaßen mit »allem, was ist« verbinden konnte. Quasi völlig automatisch.

Es muss also nicht immer die Meditation im klassischen Sinne sein, um den Kopf freizubekommen und um uns bewusst verbinden zu können.

Beobachte deine Umwelt. Verbinde dich mit ihr. Fokussiere dich auf alles, was du wahrnehmen kannst. Nutze dafür alle deine Sinne. Sei fasziniert. Begeistere dich für das, was du wahrnehmen kannst. Erkenne das Wunder und zugleich die Einfachheit in allen Dingen. So kannst du mit dem Moment verschmelzen und stehst voll und ganz auf Empfang.

Wenn du also deine Kanäle öffnen willst, wechsle im Alltag immer mal wieder in den Beobachtungsmodus. Dann geschehen Wunder. ♥

Ich empfehle dir, damit zu beginnen, die **Natur** um dich herum zu beobachten, denn das fällt am Anfang in der Regel leicht. Es ist jedoch auch möglich z. B. das Essen zu beobachten, das du gerade zu dir nimmst.

Wie sieht es aus?
Welche Farbe hat es?
An welchen Stellen glänzt es?
Wie riecht es?
Wie fühlt es sich im Mund an?
Wie schmeckt es?
Gibt es ein Geräusch, wenn du mit der Gabel ein Häppchen aufnimmst?
Wie hören sich deine eigenen Kaugeräusche an?

Möglicherweise wirst du feststellen, dass dir verschiedene Dinge, die du zu dir nimmst, eigentlich gar nicht so gut schmecken oder dass sie unschön aussehen. Du wirst sensibel für die Lebensmittel, und du wirst ein Gespür dafür entwickeln, was dir wirklich guttut, was dir wirklich schmeckt und was du wirklich brauchst. Es kann sehr spannend sein, sich auf dieses Experiment einzulassen.

Eine andere Möglichkeit ist, einmal ganz bewusst ein Stück Schokolade zu genießen, indem du es langsam auf der Zunge zergehen lässt. Stelle dir am besten einen Timer, und versuche bewusst, das Stück Schokolade fünf Minuten lang mit allen Sinnen zu genießen.

Du kannst aber auch deine Kaffeetasse erfühlen oder dir andere Dinge in deiner Umgebung schnappen, sie ertasten, beobachten und mit allen Sinnen erfassen.

Deiner Fantasie sind hier keine Grenzen gesetzt. Egal, wo du bist, ob im Wald, im Park, in der Stadt, auf dem Balkon, im Büro, im Auto, im Supermarkt … du kannst diese Übung ÜBERALL machen.

Schau, was dir Freude macht und was dir relativ schnell ein Gefühl von Verbundenheit und eine gute Fokussierung gibt. Du wirst sehen, schon bald kannst du dich immer leichter mit dem Moment verbinden und dich somit voll und ganz auf Empfang stellen.

Du wirst überrascht sein, welche Impulse du bekommst, welche Gedanken plötzlich in deinem Kopf auftauchen und welche Erkenntnisse »wie ein Blitz einschlagen«.

ÜBUNG 3

Lebenselixier WASSER

Keine Angst, ich komme dir jetzt nicht mit Ermahnungen wie: »Du musst unbedingt zwei bis drei Liter Wasser am Tag trinken.« Das ist Quatsch, denn ich kann gar nicht wissen, wie hoch oder niedrig dein Wasserbedarf ist. Es hängt ja auch davon ab, welche Lebensmittel du so zu dir nimmst.

Hast du schon einmal krampfhaft versucht, drei Liter Wasser am Tag zu trinken? Ich ja. Und es war fürchterlich. Auf Vorrat trinken funktioniert nicht, weil unser Körper nur eine bestimmte Menge Flüssigkeit nutzen kann.

Die Natur hat uns im Grunde BESTENS ausgestattet. Wenn unser Körper Nachschub – in Form von Flüssigkeit – braucht, dann meldet er sich, und das ist GESUND und völlig NATÜRLICH.

Unglücklicherweise haben viele Menschen verlernt, die Signale ihres Körpers richtig zu deuten. Sie funktionieren nur noch und hören nicht auf ihre Gefühle, innere Impulse oder Bedürfnisse. Das kann auch das

Essen und Trinken betreffen. So kann es vorkommen, dass das Gefühl von Durst und/oder Hunger gar nicht mehr richtig wahrgenommen wird.

Vielleicht wird Durst mit Hunger verwechselt. Oder Hunger mit Durst. Auch Langeweile oder Kummer können Hunger- und Durstgefühle in uns auslösen.

Deswegen kann es möglich sein, dass du erst einmal wieder lernen musst, das echte Hungergefühl und das echte Durstgefühl wahrnehmen zu können. Um das zu können, um sensibel dafür zu werden, ist es wichtig, dass du ausreichend trinkst, denn dann kannst du dich leichter energetisch verbinden. Aber warum eigentlich?

Grundsätzlich ist ein ausgeglichener Wasserhaushalt wichtig, wenn es um unsere energetische Verbindung geht: Wenn wir zu wenig trinken, dann ist unser Körper nicht richtig im Fluss. Ein ausgetrockneter Körper steht außerdem nicht so gut auf Empfang. Er fährt auf Sparflamme und ist immer irgendwie unterversorgt. Das Gehirn kann nicht so gut arbeiten, das Blut ist zu dick, der Darm zu träge. Das alles ist nicht gerade förderlich, wenn du dich darin üben möchtest, deine innere Führung zu aktivieren.

Wasser ist unser Lebenselixier. Wir bestehen zu einem Großteil aus Wasser. Ohne Wasser sterben wir. Es ist also tatsächlich wichtig, ausreichend zu trinken.

Aber bevor du dir nun literweise Wasser einverleibst, nur weil irgendwo geschrieben steht, dass es zwei bis drei Liter sein müssen, entspanne dich, und richte deinen Fokus darauf, dein eigenes gesundes Körpergefühl wieder wahrnehmen zu können.

Frage deinen Körper! Je mehr du auf Empfang stehst, desto leichter fällt es dir, die wahren Bedürfnisse deines Körpers wahrzunehmen.

Es entsteht eine Wechselwirkung: **Ausreichend Wasser erleichtert es dir, deine innere Führung zu aktivieren. Und deine innere Führung erleichtert es dir, die Botschaften deines Körpers wahrzunehmen.**

Meine Empfehlung: Wenn du glaubst, dass du **grundsätzlich** zu wenig trinkst, dann gewöhne dir einfach einmal an, morgens nach dem Aufstehen ein Glas Wasser zu trinken. Vielleicht magst du ein Stück Zitrone oder einen Schluck Schorle dazugeben.

Schau, wie gut dir das tut. Spüre, wie sich dein Morgen verändert, wenn du auf diese Weise in den Tag startest.

Das genügt fürs Erste. Wenn du dieses Morgenritual einführst, hast du schon eine Menge getan.

Wenn du spürst, dass dir dieses Ritual guttut, und du das Bedürfnis hast, einen Schritt weiterzugehen, dann trinke ein Glas Wasser, Tee oder Schorle, wenn du ein leichtes Hungergefühl verspürst. Das hilft dir dabei, besser zwischen wirklichem Hunger und Durst zu unterscheiden. Vielleicht hast du ja Durst statt Hunger und verwechselst diese Botschaften nur.

Oder du nimmst dir vor, am Nachmittag einmal bewusst ein Glas Wasser, Tee oder Schorle zu dir zu nehmen.

ZUSAMMENFASSUNG DIESER ÜBUNG:

Ein guter Flüssigkeitshaushalt ist wichtig, um deine innere Führung wahrnehmen zu können und für Botschaften und Impulse auf Empfang zu stehen. Wechselwirkung: Wenn du auf Empfang stehst, fällt es dir leichter, die Gefühle Durst und Hunger richtig wahrnehmen zu können. Du kannst dann sogar deinen Körper fragen, was er speziell jetzt braucht, wenn er sich meldet.

Befreie dich jedoch von dem Irrglauben, **unbedingt** 3 Liter Wasser am Tag trinken zu müssen. Beginne mit einem Glas Wasser am Morgen. Das allein hilft dir schon, dich leichter auf Empfang stellen zu können. Ob du mehr Wasser brauchst, wirst du dann viel leichter wahrnehmen können. Es versteht sich von selbst, dass ich dir dieses Glas Wasser **zusätzlich** zu deinem täglichen Wasserkonsum empfehle.

Vertraue deinem Körper. Experimentiere! Schau, was sich verändert. Wie fühlt sich dein Tag an, wenn du morgens nach dem Aufwachen ein (halbes) Glas Wasser trinkst? Wie verändert sich deine Energie, wenn du einmal darauf achtest, jede Stunde drei, vier Schlückchen Wasser zusätzlich zu trinken?

Wenn du genau hinschaust, wirst du erkennen, was dir guttut und was sich dadurch für dich verändert. Ohne Stress. Ohne Kampf.

That's it!

Himmlischer Empfang DURCH NAHRUNG

Das Thema »Essen« haben wir in der letzten Übung bereits kurz angesprochen. Da ging es jedoch mehr darum, überhaupt wieder ein Gefühl dafür zu entwickeln, wann du Hunger und wann du Durst hast.

Wenn du deine innere Führung aktivieren möchtest, dann ist es durchaus auch hilfreich, darauf zu achten, womit du deinen Körper fütterst.

Essen bedeutet Empfang pur. Dein Körper empfängt, du empfängst.

Sicherlich kennst du das Sprichwort »Du bist, was du isst«. In gewisser Weise ist da etwas Wahres dran, denn durch deine Ernährung kannst du beeinflussen, wie sehr du auf Empfang stehst.

Je natürlicher und gesünder du dich ernährst, desto höher schwingen deine Zellen und desto leichter fällt es dir, dich mit der Urquelle zu verbinden.

Das Schwierige dabei ist, dass viele Menschen das Gespür dafür verloren haben, was ihnen wirklich guttut. Da kann es von Ernährungsexperten noch so oft heißen, dass z. B. Ananas gesund ist und viele Vitamine und Nährstoffe mitbringt. Das bedeutet jedoch nicht, dass sie **dir** guttut.

Was die Ernährung betrifft, gibt es keine Allgemeingültigkeit. Auch ich kann dir da leider keine Empfehlung aussprechen. Jeder Körper ist anders. Was dem einen guttut, kann den anderen völlig ausbremsen. Deine Aufgabe besteht also darin, herauszufinden, was dir wirklich guttut. Das erfordert vielleicht erst einmal Zeit, aber es lohnt sich.

Es gibt verschiedene Möglichkeiten, wie du auf Entdeckungstour gehen kannst. Ein paar möchte ich dir jetzt vorstellen.

MÖGLICHKEIT 1:

Wenn du isst, iss. Sonst nichts. Konzentriere dich voll und ganz auf dein Essen. Kein TV, kein Handy, keine Zeitung nebenbei. Nimm dir die ZEIT, dein Essen wirklich zu SCHMECKEN.

Wie geht es dir mit den vor dir liegenden Lebensmitteln?
Wie schmecken sie, wenn du sie auf der Zunge zergehen lässt?
Welche Geschmacksnuancen kannst du erkennen?
Wie wohl fühlst du dich mit der Konsistenz in deinem Mund?
Findest du das Essen appetitlich?
Kannst du es genießen?
Fühlst du dich damit rundum wohl?
Ruft dein Essen in dir eine Geschmacksexplosion hervor?

Finde heraus, ob das, was du im Alltag zu dir nimmst, **wirklich** schmeckt, wenn du es **bewusst** und **langsam** zu dir nimmst. Achte dabei auf deine Gefühle.

Nimmst du vielleicht einen Ekel wahr?
Fühlt sich etwas komisch an?
Erkennst du einen Geschmack, den du eigentlich widerlich findest?

Du wirst dich mitunter wundern, wie viele Lebensmittel dir eigentlich gar nicht so gut schmecken, wie du bisher immer geglaubt hast. Hier kannst du beginnen, auszusortieren.

Ich bin der festen Überzeugung: Was dir nicht super gut schmeckt, ist auch nicht unbedingt für dich gemacht. Streiche es von deinem Lebensmittelplan.

Du hast immer Ananas gegessen, weil sie als gesund gilt, und jetzt stellst du fest, dass sie irgendwie doch gar nicht so fantastisch schmeckt, wie du dir immer eingeredet hast? Dann iss sie nicht mehr.

MÖGLICHKEIT 2:

Frage dich, wie du dich **nach** dem Essen fühlst!

Es gibt Lebensmittel, die uns regelrecht die Energie rauben, und es gibt Lebensmittel, die uns stärken und optimal mit Nährstoffen versorgen. Achte einmal da-

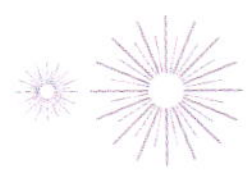

rauf, wie du dich nach den Snacks, die du dir vielleicht zwischendurch »gönnst«, fühlst.

Fühlst du dich besser?
Fühlst du dich gesättigt?
Fühlst du dich energiegeladen? Oder spürst du eine bleierne Schwere?
Hast du leichte Bauchschmerzen?
Fühlst du einen unangenehmen Druck im Magen?
Bekommst du Sodbrennen?

Beobachte dich und dein Energielevel, nachdem du etwas gegessen hast. Auf diese Weise wirst du recht gut erkennen, was dir guttut und was nicht.

Und dann sortiere aus, und verbanne gegebenenfalls bestimmte Lebensmittel aus deiner Küche.

MÖGLICHKEIT 3:

Frage deinen Körper.

In der dritten Übung bin ich ja schon darauf eingegangen, wie wichtig es ist, seinen Körper auch einmal zu fragen, was er wirklich braucht. Wenn du Hunger verspürst, schließe die Augen, und frage deinen

Körper: »Was kann ich dir Gutes tun? Was brauchst du?«

Ich habe schon erlebt, dass ich bei dieser Frage einen bestimmten Duft wahrnehmen konnte und somit wusste, was ich essen sollte. Ja, das funktioniert wirklich. Dein Körper weiß in der Regel sehr gut, was er braucht. Oder auch, was er nicht braucht.

Je besser du verbunden bist, desto leichter fällt es dir, Antworten zu bekommen. Und je mehr du dich nach dem ausrichtest, was dein Körper braucht, desto leichter fällt es dir, verbunden zu sein – mit dir, mit deiner Intuition und mit dem Universum.

Die richtige und auf dich abgestimmte Ernährung unterstützt dich dabei, dich immer verbunden zu fühlen. Das ist so toll. Probiere es einfach einmal aus. ♥

Erschaffung eines magischen RAUMES

Wie oft ist es dir schon passiert, dass du in Gesprächen mit anderen Menschen deinen eigenen Gedanken nachhingst?

Wie oft hast du dir ein Gegenargument, ein Beispiel oder eine persönliche Erfahrung überlegt, die du im Gespräch anbringen könntest, obwohl der andere noch gesprochen hat?

Wie oft bewegt sich deine Aufmerksamkeit in eine völlig andere Richtung, während du ein Gespräch führst?

Unser Kopf ist oft so voll, dass wir in der Kommunikation mit anderen Menschen gedanklich noch andere Dinge tun, regeln etc. Leider verpassen wir dadurch

echte Beziehungen, echte Bindungen und echte, tiefgründige Gespräche.

Wenn wir in Gesprächen zu oft und zu sehr mit unseren eigenen Gedanken beschäftigt sind, dann versäumen wir, dem anderen wahrhaft ins Herz zu schauen und uns ins Herz schauen zu lassen.

Wenn hingegen in Gesprächen der gegenseitige Blick ins Herz des anderes erlaubt wird bzw. dem Raum gegeben wird, dann entsteht ein Gespräch, das guttut, heilsam ist und ganz tief im Herzen erfüllt.

Hast du auch schon einmal am Ende eines Tages ein Gespräch mit jemanden Revue passieren lassen, und dann fiel dir auf, dass diese Person dieses oder jenes erzählte, du dich aber gar nicht erinnern konntest, darauf eingegangen zu sein?

Vielleicht erinnerst dich am Abend an das Gespräch mit einer Freundin, die beiläufig sagte, dass in ihrer Ehe gerade auch nicht alles rund laufe. Und dir fällt plötzlich auf, dass du darauf gar nichts erwidert hast.

Oder dir fällt ein, dass eine Kollegin nebenbei erzählte, dass sie 5 kg abgenommen hat. Stimmt, ja, da war ja was. Aber du hast es irgendwie nur so am Rande mitbekommen, sodass du gar nichts erwidert hast.

Kennst du solche Situationen?

Ich definitiv. Und genau das sind die Gespräche, die nicht in einem **bewusst geöffneten Raum** stattgefunden haben.

WAS HEISST DAS: EINEN RAUM BEWUSST ÖFFNEN?

Wenn du auf einen anderen Menschen triffst und ein Gespräch beginnst, kannst du ganz bewusst einen Raum öffnen:

- einen Raum für diese Person und für dich.
- einen Raum für echte Gespräche.
- einen Raum, in dem du zuhörst.

- einen Raum, in dem du dich auf dein Gegenüber fokussierst.
- einen Raum, in dem du für den anderen da bist.
- einen Raum, in dem eine echte Verbindung entstehen kann.
- einen Raum, der heilsam sein kann.

In diesem Raum gibt es nur die andere Person und dich. Sonst niemanden. Und jede Menge Platz für das, was der andere sagt.

Wenn dir ein Mensch begegnet, dann stelle dir vor, wie du ganz bewusst einen energetischen Raum öffnest.

Stelle dir vor, …

- dass du dieser Person einen Schwall Liebe sendest,
- dass diese Liebe dich und die andere Person umspült
- und dass du dich nun mit dieser Person in einem Raum voller Liebe befindest.

Alternativ kannst du dir vorstellen, dass du dich mit diesem Menschen in einem Raum voller Licht befindest. Das ist ein Raum, in dem ihr sicher seid, beschützt und ummantelt von Liebe.

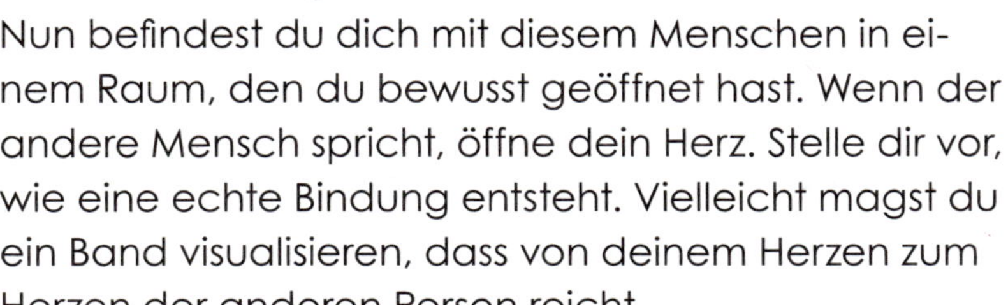

Nun befindest du dich mit diesem Menschen in einem Raum, den du bewusst geöffnet hast. Wenn der andere Mensch spricht, öffne dein Herz. Stelle dir vor, wie eine echte Bindung entsteht. Vielleicht magst du ein Band visualisieren, dass von deinem Herzen zum Herzen der anderen Person reicht.

Entspanne dich. Ermögliche deinem Gegenüber dadurch, sich zu öffnen, sich zu zeigen.

Vielleicht schüttet dir jemand sein Herz aus. Dann versuche nicht, während der andere spricht, krampfhaft zu überlegen, was du sagen kannst, damit derjenige Trost oder Mitgefühl empfindet.

Glaube mir, es gibt nichts, was so viel Trost und Mitgefühl spendet, wie echtes Zuhören und deine Fähigkeit, den Raum zu öffnen und zu halten. Dann fühlt sich der andere verstanden und gesehen.

Befreie dich von dem Gedanken, kluge Dinge sagen oder gar eine Lösung anbieten zu müssen. Nein, wichtig ist einzig und allein das Öffnen und Halten des Raumes. Das ist heilsam und schafft echte Nähe.

Und weißt du, was passiert, wenn du dich entspannst und dich mit dem anderen Menschen in einem be-

wusst geöffneten Raum befindest? Dann bist du verbunden. Nicht nur mit dem anderen Menschen, sondern mit »allem, was ist«.

Dann geschehen magische Wunder. Du brauchst gar nicht mehr zu überlegen, was du Tröstendes oder Sinnvolles sagen kannst. Die richtigen Worte finden automatisch zu dir, weil sie nicht aus deinem Verstand kommen, sondern aus deinem Herzen. Das ist der Zauber des bewusst geöffneten Raumes. Er verzaubert dich und auch andere Menschen – und zwar all die Menschen, denen du diesen Raum schenkst.

Mit der Zeit, wenn du darin geübt bist, einen Raum zu öffnen, wenn du auf andere Menschen triffst, wirst du einen immer stärkeren Unterschied spüren.

Du wirst spüren, …

- dass Gespräche ehrlicher werden.
- dass Menschen den Mut finden, sich zu zeigen.
- dass du dich nach Gesprächen erfüllter fühlst.
- dass andere Menschen nach eurem Gespräch strahlen.
- dass Menschen stärker deine Nähe suchen.
- dass auch du dich immer mehr im Herzen berühren lässt.

Wir brauchen mehr Menschen, die einen Raum öffnen – einen Raum für andere Menschen, einen Raum für echte Verbindung.

Damit leistest du nicht nur einen Beitrag zum Weltfrieden, nein, so ganz nebenbei öffnest du damit deinen Kanal und wirst immer offener und freier für die Botschaften des Universums.

Warum öffnest du damit deinen Kanal?

Ganz einfach: Jedes Mal, wenn du dich bewusst für die Liebe entscheidest, und jedes Mal, wenn du dich auf etwas fokussierst (wie z. B. auf einen anderen Menschen) und du dabei deine Vergangenheit, deine Zukunft und deine Alltagsgedanken vergisst, befindest du dich im Hier und Jetzt. Und jedes Mal, wenn du dich im Hier und Jetzt befindest, wird der Kanal freigeblasen. That's it!

Und so ganz nebenbei tust du anderen Menschen damit etwas unfassbar Gutes. ♥ ♥ ♥

Tanz-Meditation

Die Tanz-Meditation ist etwas ganz Wundervolles, weil sie Geist und Körper in Einklang bringt. Durch die Bewegung des Körpers kann frische Energie durch deine Zellen fließen. So hebst du die energetischen Schwingungen deines Körpers auf ein höheres Level. Und genau das ermöglicht dir, dich mit »allem, was ist« zu verbinden.

Wenn du dich müde und energielos fühlst, vielleicht sogar abgeschnitten von »allem, was ist«, dann spüre einmal in deinen Körper hinein. Wie fühlt er sich an?

Vielleicht fühlt er sich eng, dunkel, stockend an. Es ist kein Fluss spürbar. In deinem Körper stecken ungute Gefühle, schlechte Erfahrungen und negative Gedanken fest. Kein schönes Gefühl.

Die Tanz-Meditation kann dir helfen, wieder in den Fluss zu finden, indem du negative, hemmende, blockierende Gefühle, die irgendwo in deinem Körper festsitzen, einfach wegtanzt.

Während der Tanz-Meditation kann wirklich etwas Magisches geschehen. Ich habe es selbst erlebt.

Wichtig ist, dich von sämtlichen Vorstellungen davon, was zu geschehen hat, zu befreien. Schmeiße alle Erwartungen über Bord, und gehe völlig unvoreingenommen in die Tanz-Meditation hinein.

So gehst du am besten vor:

- Ziehe dir bequeme Kleidung an.
- Nimm eine CD mit meditativer Musik zur Hand. Wenn du magst, suche auf verschiedenen Plattformen im Internet, z.B. Youtube, nach dem Schlagwort »meditativer Tanz«. Dort findest du einige Vorschläge.
- Fühle dich frei, und wähle nur Musik, die dir guttut und die in dir die Lust weckt, dich zu bewegen.
- Suche dir einen Platz oder Ort, an dem du ungestört bist und an dem du dich unbeobachtet fühlst.
- Starte die Musik oder das Video, und schwinge dich langsam in die Musik ein.
- Lasse deinen Körper immer stärker schwingen, und gib die Kontrolle ab. Erlaube deinem Körper, sich jetzt zu bewegen, wie er möchte.
- Gib dich immer stärker der Musik und der Bewegung hin. Verschmilz mit der Musik. Tanze!

Wie fühlst du dich anschließend?

Während der Tanz-Meditation können sich alte negative Gefühle lösen oder einfach abgeschüttelt werden. Probiere es aus.

Du wirst deinen Körper in eine völlig andere, neue Schwingung versetzen. Vielleicht bist du anschließend richtig ausgepowert … aber glücklich. Du wirst spüren, wie dein innerer Fluss wieder zu fließen beginnt.

Wenn dir das guttut, wiederhole die Tanz-Meditation. Beobachte, wie es dir anschließend geht. Was verändert sich? Welchen Unterschied spürst du in deinem Leben? Welche Erkenntnisse hast du?

Mache die Tanz-Meditation zu einem Experiment. Sei neugierig, sei offen, und lasse es einfach geschehen. Tut es dir gut, dann tue mehr davon. ♥

Übung 7

Fokus und Liebe FÜR DEN MOMENT

Auf etwas fokussiert zu sein, bedeutet, die Vergangenheit und Zukunft auszublenden und absolut im Hier und Jetzt zu sein.

Es gibt mehrere Möglichkeiten, mit dem Moment zu verschmelzen, etwa in der Meditation, wenn du in die Stille gehst oder alles um dich herum ganz bewusst beobachtest.

In dieser Übung geht es darum, dass du **alltäglichen Dingen deine volle Aufmerksamkeit widmest.** Auch den Dingen, die du nicht ganz so gern tust und die für dich zur Pflichterfüllung gehören.

Gerade die Dinge, die für dich belastend sind, können wundervolle, magische Momente hervorrufen, wenn du

sie mit deiner vollen Aufmerksamkeit tust und deine bedingungslose Liebe hineinfließen lässt.

Was auch immer du zu tun hast, liebe den Moment. Liebe das, was du gerade tust.

Hier ein Beispiel:
Gerade Frauen finden es oft mühsam, jeden Tag aufs Neue das Abendessen zubereiten zu müssen. Es gehört für sie zur Pflichterfüllung. Und so manches Mal geht die Freude am Kochen verloren, weil es noch so viele andere Dinge zu tun gibt, die im Alltag unsere Aufmerksamkeit erfordern. Sei es die Arbeit vormittags im Büro, die anschließende Haus- und Gartenarbeit, der Einkauf, die Wäsche, die Kinder etc. – und dann auch noch kochen.

Trotzdem wird noch schnell gekocht, zwischen Einkauf ausräumen und Hausaufgaben kontrollieren. Und nicht selten schmeckt man den Stress und die Unkonzentriertheit. Zu viel Salz, oder es fehlt der Pepp, das Gemüse noch nicht ganz durch, oder die Nudeln zu weich …

Kennst du solche Situationen?
Überlege, in welchen Situationen es dir so geht, wie eben beschrieben!

Welche Dinge machst du ungern, weil dir einfach Zeit und Muße fehlen? Welche Aufgaben gehören für dich zur Pflichterfüllung?

Suche dir eine Aufgabe aus, die in den nächsten Tagen vor dir liegt. Wenn du sie dann angehst, verfalle nicht in alte Denkmuster wie »Eigentlich habe ich dafür gerade gar keine Nerven«, sondern gehe mit einer völlig neuen Einstellung an die Sache heran. Sage dir z. B.:

- »Ich nehme mir jetzt bewusst Zeit für diese Aufgabe.«
- »Diese Aufgabe verdient jetzt meine volle Aufmerksamkeit.«
- »Ich lasse immer wieder ein bisschen meiner Liebe in diese Aufgabe hineinfließen.«
- »Jetzt bin ich voll und ganz bei der Sache, und es macht Spaß.«

Du musst kochen? Nein, du **darfst** jetzt kochen und deine Liebe hineingeben. Fokussiere dich auf das Zubereiten der Speisen. Fühle dich in die Zutaten hinein. Rieche daran. Ist die jeweilige Zutat das, was dein Gericht jetzt braucht? Segne die Lebensmittel gedanklich. Bedanke dich für die Vielfalt an Vitaminen und Nährstoffen. Spüre Fülle in dir und um dich herum.

Welche Ideen kommen dir, wenn du dich voll und ganz in den Prozess vertiefst?

Zelebriere das Kochen mit jeder Zelle deines Körpers. Dann wirst du Impulse und Ideen bekommen, die dein Gericht unwiderstehlich machen. Die Liebe und Aufmerksamkeit, die du hineingibst, sind »schmeckbar«. Sie nähren wirklich. Sie füllen den Körper auf. Und das Herz.

Wenn du das ausprobiert und für gut befunden hast, mache es immer wieder, und wende diese Vorgehensweise auf andere (unliebsame) Aufgaben an. ♥

Beobachte, wie sich das auf deine Verbindung »nach oben« auswirkt. Du wirst erstaunt sein. Denn wenn du Aufgaben auf die oben beschriebene Weise zelebrierst, bist du absolut verbunden. Du wirst es spüren.

Lasse Wunder geschehen.

ÜBUNG 8

Freude aktivieren

Du bist ein energetisches Wesen, und deine Gefühle wirken sich auf deinen Geist und deinen Körper aus. Fühlst du dich gut, schwingst du hoch. Du dehnst dich aus, und alles fühlt sich leicht und beschwingt an.

Wenn du hingegen negativen Gedanken und unangenehmen Tagträumereien nachhängst, ist es so, als würde sich alles in dir zusammenziehen. Es fühlt sich eng an, wie verdichtete Materie. Die entsprechenden Gefühle sind Schwere und Enge.

Deshalb gilt: Je mehr Freude du empfindest, desto leichter fühlt sich dein Leben an.

Freude ist hoch schwingende Energie. Ein Gefühl, das dich trägt und dich für Wunder öffnet. Denn wenn du Freude empfindest, dehnt sich dein Energiefeld aus, es geht über deinen Körper hinaus, und deine Energie fühlt sich hell, klar und strahlend an. Du verbindest dich automatisch mit »allem, was ist«, mit dem Universum und hast deinen »Sender« automatisch auf Empfang gestellt.

Freude stellt dich auf Empfang.

Und das ist es, was du möchtest: Du möchtest lernen, wie du dich auf Empfang stellst und Wunder in dein Leben ziehst.

Sorge für Freude in deinem Leben.

In diesem Buch habe ich dir schon einige Vorschläge gemacht. Das meditative Tanzen (Übung 6) zum Beispiel kann eine ganze Menge Freude in dir hervorrufen. Aber auch Dankbarkeit, Liebe, echte Verbindungen, Wertschätzung etc. erzeugen Freude in dir.

Mit dieser Übung möchte ich dich zugleich dazu ermutigen, auch Abenteuer in dein Leben einzuladen, denn: ***Nichts drosselt das Gefühl der Freude so sehr wie LANGEWEILE.*** Damit meine ich natürlich nicht die stillen meditativen Momente. Auch kann Langeweile natürlich sehr sinnvoll sein. Ich meine die Langeweile, die in dein Leben tritt, wenn du nie etwas wagst und jeder

Tag immer gleich abläuft. Da findet Freude dann kaum einen Platz.

Ein tristes Leben bringt triste Gefühle hervor. An eine »Verbindung nach oben« oder gar WUNDER ist dann gar nicht zu denken. Nichts dergleichen ziehst du an, wenn dein Leben immer nur so vor sich hin plätschert.

Es muss auch einmal einen (mit-)reißenden Fluss geben, einen Wasserfall, ein Abenteuer, eine Herausforderung. Das ist LEBEN. Und das weckt wahre Freude.

Einfach einmal den inneren Schweinehund überwinden, einmal mutig sein, einmal die Komfortzone verlassen. Auch das gehört zu einem spirituellen Leben dazu. Und es verbindet dich und macht dich empfänglich für die Wunder des Lebens.

Ich möchte dir ein kleines Beispiel geben, ein Sinnbild sozusagen:
Stelle dir vor, es ist warm, sehr warm. Du willst dich im Pool oder im See erfrischen, aber als du den großen Zeh ins Wasser eintauchst, bist du eigentlich schon erfrischt genug. Das Wasser ist echt kalt. Brrrr. Was tun?

Rückzug? Das wäre jetzt angenehmer, denn die Überwindung, wirklich komplett ins Wasser einzutauchen, ist für dich in dem Moment wirklich groß.

Oder doch lieber überwinden und die Freude ernten, die sich dann anschließend einstellt?

Wenn du zu den Menschen gehörst (wie ich übrigens auch), die beim geplanten Erfrischungsversuch im kalten Wasser schnell feststellen, dass es dann doch gar nicht soooooo warm draußen ist, als dass das jetzt sein muss, dann weißt du genau, wie genial es ist, wenn man sich dann doch überwindet.

Wenn ich meine Komfortzone verlassen habe, fühle ich mich lebendig und voller Freude.

Dieses Beispiel kannst du auf alle anderen Situationen, in denen du in der Regel gern kneifst, übertragen.

Hole die Freude in dein Leben.
Starte Abenteuer.
Nimm Herausforderungen an.
Sei mutig.
Sorge für Abwechslung.
Verlasse immer wieder deine Komfortzone.

Die Freude, die du dadurch gewinnst, verbindet dich und macht dich empfänglich für die Stimme deines Herzens.

♥♥♥

Bewusstes Verbinden

Diese Übung ist ganz leicht. Meist besteht die Herausforderung einfach nur darin, an sie zu denken und sie bewusst in den Alltag zu integrieren.

Du möchtest dich auf Empfang stellen und dich für Botschaften und Impulse, wo immer sie auch herkommen mögen, öffnen? Dafür kannst du dich ganz bewusst verbinden und zwar z. B. dann, wenn du im Wald unterwegs bist oder einen Spaziergang durch die Natur machst.

In der Natur fällt es den meisten Menschen am leichtesten, sich bewusst zu verbinden, weil die Natur unser Zuhause ist. Fast jeder Mensch kann im Wald, auf Wiesen und Feldern besser abschalten, Entspannung finden und zur Ruhe kommen.

Wann immer du in der Natur unterwegs bist, stelle dir vor:

- wie du mit der Erde verwurzelt bist und jeder einzelne Schritt dich zentriert und in deine Mitte bringt.

- wie ein langer heller Lichtfaden dich von deinem Scheitel aus mit dem Universum verbindet.
- wie du von der Erde getragen und vom Himmel gehalten wirst.
- wie sich dein Energiefeld über deinen Körper hinweg ausdehnt und dich mit allen Tieren, Bäumen und Pflanzen verbindet.

Wenn du diese Verbindung bewusst aktivierst, fühlst du dich sicher und geborgen. Du fühlst dich EINS mit der Natur um dich herum. Du spürst, dass du nicht allein, sondern ein Teil des Ganzen bist.

Das bewusste Aktivieren dieser Verbindung bringt deine Aufmerksamkeit ins Hier und Jetzt. Und wieder einmal lässt du die Vergangenheit für einen Moment hinter dir und lässt die Zukunft Zukunft sein. In diesem

Moment kannst du dich voll und ganz fallen lassen. Dein Gedankenkarussell wird langsamer, mit etwas Übung kommt es sogar ganz zum Stillstand.

Und genau in diesen zauberhaften Momenten öffnest du dich für die Wunder des Lebens, für Botschaften, Impulse und für die Stimme deines Herzens.

Je öfter du das tust, desto vertrauter wirst du mit dem Gefühl der Verbundenheit und desto leichter wird es dir fallen, dich »auf Knopfdruck« zu verbinden – und zwar auch dann, wenn du gerade im Auto sitzt oder im Kaufhaus an der Kasse stehst.

Der Schlüssel liegt in der Wiederholung. Verbinde dich immer wieder bewusst. Und entwickle ein Gehör und ein Gespür für Botschaften, für die du jetzt offen bist. ♥

Lasse dein Herz ATMEN

Die Herzatmung ist eine sehr heilsame Übung, die dich mit dir und deinem Herzen verbindet.

Wenn du das Gefühl hast, von allem abgeschnitten zu sein, und du vom Universum keinen Ton »hörst«, geschweige denn deine innere Stimme wahrnehmen kannst, dann ist die Herzatmung das Tool, um wieder in die Verbindung zu kommen.

Und auch hier gilt wieder: Diese Übung ist einfach und gerade deshalb so wirksam.

Bei der Herzatmung verbindest du dich auf eine leichte, sanfte Weise mit deinem Herzen. Du findest in deine Mitte, kommst zur Ruhe und zentrierst dich. Die vielen Stimmen in deinem Kopf werden ruhiger. Viele scheinbar wichtige Dinge geraten in den Hintergrund. Und genau das ist das Ziel.

WANN KANNST DU DIE HERZATMUNG ANWENDEN?

Grundsätzlich jederzeit. Dennoch habe ich hier ein paar Tipps für dich.

Die Herzatmung brauchst du vor allem dann, …

- wenn du dich gestresst fühlst.
- wenn deine Gedanken Karussell fahren.
- wenn du dich innerlich getrieben fühlst.
- wenn aktuelle Herausforderungen dich verunsichern.
- wenn du eine innere Unruhe spürst.
- wenn es 100 To-dos gibt, die dir scheinbar über den Kopf wachsen.
- wenn du dich wie abgeschnitten fühlst.
- wenn du dich leer und antriebslos fühlst.
- wenn du spürst, dass du die Verbindung zu dir verloren hast.

WIE KANNST DU DIE HERZATMUNG DURCHFÜHREN?

- Lege die rechte Hand auf dein Herz.
- Spüre, wie sich dein Herz anfühlt.
- Atme tief ein und aus.

- Stelle dir vor, wie dein Atem durch dein Herz fließt. Du atmest mit deinem Herzen – ein, aus, ein, aus …
- Stelle dir vor, wie sich dein Herz immer weiter öffnet. Dein Herz kann durchatmen und fühlt sich immer befreiter, mit jedem Atemzug.
- Spüre, wie Freude in deinem Herzen aufsteigt. Stelle dir vor, wie erfreut dein Herz darüber ist, endlich richtig tief atmen zu dürfen – das ist eine Wohltat.
- Spüre, wie die Freude deines Herzens übersprudelt und in alle Bereiche deines Körpers fließt. Spüre, wie die Freude deinen ganzen Körper durchströmt.
- Spüre die Freiheit und die Freude in jeder Zelle deines Körpers.
- Fühle die Verbundenheit, und genieße dieses Gefühl, solange du möchtest.

Wenn du das Gefühl hast, dass du dich ausreichend zentriert und geerdet fühlst, dann kannst du die Übung beenden.

Wie fühlst du dich anschließend?
Was hat sich verändert?
Wie fühlt sich dein Körper jetzt an?
Was verändert sich dadurch in deinem Alltag?

Wenn du die Herzatmung wiederholst, wirst du mit der Zeit erstaunliche Unterschiede feststellen.

Wenn du etwas geübter bist, kannst du diese Technik auch an der Supermarktkasse, im Auto, in der Waschstraße, beim Bäcker oder an der Bushaltestelle ausführen – wann immer dir danach ist. Vielleicht wirst du anschließend bemerken, dass Menschen dich anders wahrnehmen, weil sie einen gewissen Glanz in deinen Augen sehen oder einfach dein inneres Strahlen spüren.

Probiere es einfach einmal aus. Und wenn es dir guttut, wiederhole die Übung. So stellst du dich wieder auf Empfang und wirst deine innere Stimme immer leichter wahrnehmen können.

Magische Fragen FORMEN DEIN LEBEN

Mit dieser Übung kannst du dein ganzes Leben verändern. Sie ist enorm wirkungsvoll und ein wahrer Booster, wenn es darum geht, deinen Kanal für Botschaften, Impulse und Ideen zu öffnen. Man könnte auch sagen, dass diese Übung die Wunder ganz direkt in dein Leben einlädt. Ohne Umwege.

Du spürst vielleicht schon, dass diese Übung eine meiner Lieblingsübungen ist. ♥

Worum geht es also genau?

In dieser Übung programmierst du mithilfe von Fragen dein Unterbewusstsein. Du gibst ihm sozusagen Aufgaben mit auf den Weg, die es lösen soll.

Statt morgens als erstes E-Mails zu checken, Facebook-Nachrichten zu lesen etc., fütterst du deinen Geist, wenn du wach wirst, mit Fragen. Diese Fragen führen dich durch den Tag.

Hier mal ein paar Vorschläge:

- Was kann ich heute tun, um anderen Menschen eine Freude zu machen?
- Welche Eigenschaft brauche ich, um die heutige Herausforderung zu meistern?
- Was kann ich tun, um meinem Ziel einen Schritt näherzukommen?
- Welchen Menschen sollte ich begegnen, um mich heute weiterentwickeln zu können?
- Was kann ich tun, um heute stärker zu mir zu finden?
- Was ist heute besonders wichtig, um mich glücklich und erfüllt zu fühlen?
- Welche Schritte sind heute nötig, um mein Projekt zu starten?
- Welche Chance darf ich mir heute nicht entgehen lassen?
- Wer möchte ich heute sein?
- Was kann ich heute geben?
- Wie kann ich heute für andere Menschen eine Hilfe sein?
- Was kann ich tun, um meine inneren Blockaden hinter mir zu lassen?

Die Fragen können von Tag zu Tag variieren, müssen sie aber nicht. Es geht lediglich darum, die Fragen zu finden, die dich tief im Herzen berühren und inspirieren.

- Welche Fragen sollen dich durch den Tag führen?
- Welche Fragen inspirieren dich?
- Was ist dir heute wichtig? Was steht an?
- Welcher Aufgabe möchtest du dich heute stellen?
- Wie fühlt es sich an, wenn du durch diese Fragen wundersame »Zufälle« in dein Leben ziehst?
- Wie fühlt es sich an, wenn du am Abend glücklich und erfüllt in dein Bett sinkst und du dich vom Leben getragen fühlst?

Füttere deinen Geist nach dem Aufwachen mit den entsprechenden Fragen. Dein Unterbewusstsein ist nach dem Erwachen besonders zugänglich – genau wie kurz vor dem Einschlafen. Dein Gehirn befindet sich dann im Theta-Zustand (siehe Seite 136 ff.). Wenn du am frühen Morgen, wenn du noch im Bett liegst, deinen Geist mit Fragen fütterst, wird dein Unterbewusstsein darauf programmiert, Antworten und Lösungen zu finden.

Spüre, was es dir bedeuten würde, im Laufe des Tages Antworten und Hinweise zu finden. Wie würde es sich anfühlen, wenn tatsächlich Antworten in dein Leben treten würden? Was wäre, wenn du auf alle Fragen eine Antwort bekommen und wenn du am Ende des Tages feststellen würdest, dass es ein guter Tag war? Wie würde sich das anfühlen?

Versinke in dieser kleinen Tagesvision.

Ganz wichtig: Du brauchst die Fragen, die du dir am Morgen stellst, nicht zu beantworten. Diese Fragen dienen als Wegweiser für den Tag. Sie erteilen deinem Unterbewusstsein sozusagen einen Auftrag. Du kannst die Antworten und Lösungen voll und ganz deinem Unterbewusstsein überlassen. Es wird im Laufe des Tages für dich arbeiten.

Plötzlich …

- machst du interessante Bekanntschaften.
- triffst du die richtigen Menschen zur richtigen Zeit.
- stolperst du über einen Artikel im Internet, der dir weiterhilft.
- bekommst du ein Angebot, das du dir nie erträumt hättest.

- treten »Zufälle« in dein Leben, die dich völlig überraschen.

Mit dieser Übung gibst du deinem Unterbewusstsein sozusagen ein ***»Motto für den Tag«,*** und es wird dich dementsprechend führen und lenken.

Du spürst sicher, dass diese Übung wahre Wunder bewirken kann. Mit ihr spielt dir das Universum genau die Dinge zu, die jetzt wichtig für dich sind. Und: Du wirst diese Dinge, Chancen, Möglichkeiten und vermeintlichen Zufälle erkennen und ergreifen, denn darauf bist du »programmiert«.

Bleibe dran. Lasse diese Übung zu deiner Morgenroutine werden, und genieße die Magie des Lebens.

♥ ♥ ♥

Dein Seelen-KRAFTPLATZ

Es gibt Orte, die haben eine besondere Energie.

Das müssen keine »berühmten« Orte sein, die viele Menschen kennen und nutzen. Das kann eine besonders schöne Ecke im Wald sein oder eine kleine Holzhütte, ein Felsvorsprung, eine Lichtung, der eigene Garten …

Was deinen Seelen-Kraftplatz betrifft, gibt es kein Richtig oder Falsch. Hier zählt nur, dass du dich wohl und geborgen fühlst. Auch ist es wichtig, dass du dich an deinem Kraftplatz sicher fühlst und dass du einfach richtig tief atmen kannst. Das ist alles.

Wenn es so einen Platz in deinem Leben (noch) nicht gibt, dann halte, wenn du in der nächsten Zeit unterwegs bist, einmal die Augen auf. Wo fühlst du dich besonders wohl? Wie gesagt, kann das eine bestimmte Ecke in deinem eigenen Garten sein, ein bestimmter Baum oder sogar eine bestimmte Uhrzeit.

Wenn du nicht die Möglichkeit hast, regelmäßig in die Natur zu gehen, kannst du dir auch in deiner Fantasie einen Kraftplatz einrichten. Dann suche dir zu Hause ein Plätzchen, mache es dir gemütlich, schließe die Augen, und stelle dir vor, wie dein Kraftplatz aussehen würde. Wo würdest du sitzen? Am Meer? In den Bergen? In satten Wiesen? Im Wald? Vor einem Wasserfall? An einem Bachlauf? Deiner Fantasie sind keine Grenzen gesetzt. Richte dir deinen persönlichen Kraftplatz ein, und besuche ihn, wann immer du willst.

Wenn du deinen Kraftplatz gefunden hast, gehe wie folgt vor:

- Besuche deinen Kraftplatz, und mache es dir gemütlich.
- Wenn du möchtest, schließe deine Augen.
- Spüre die vibrierende Energie deines Kraftplatzes, und sauge sie in dich auf.
- Spüre, wie die Energie in jede Zelle deines Körpers dringt und dich voll und ganz ausfüllt.
- Stelle dir vor, wie alle alten negativen Gefühle, Erinnerungen, Gedanken und Verletzungen durch die Füße aus deinem Körper und in die Erde fließen und dort von der Energie deines Kraftplatzes in ein helles nährendes Licht umgewandelt werden.
- Vereine dich mit deinem Kraftplatz. Spüre, wie du mit ihm verschmilzt. Ihr seid EINS.

- Du fühlst dich immer freier, immer leichter, immer verbundener. Genieße dieses Gefühl der Freiheit, Leichtigkeit und Verbundenheit.

Genieße dieses Gefühl so lange, bis du dich erfüllt fühlst. Dann kannst du die Übung beenden und sie später beliebig oft wiederholen.

Auch wenn du einen realen Kraftplatz hast, für den du das Haus verlassen musst, kannst du diese Übung zu Hause beliebig oft wiederholen, indem du dir einfach vorstellst, an deinem Kraftplatz zu sitzen. Wie wirksam das ist, hängt ein bisschen davon ab, wie geübt du im Visualisieren, Meditieren und Fühlen bist. Übung macht den Meister.

Diese Übung ermöglicht es dir, für einen Moment den Alltag hinter dir zu lassen und dich voll und ganz hoch schwingender Energie hinzugeben. Immer, wenn du an deinem Kraftplatz bist, kannst du dich dort energetisch aufladen und dir Kraft holen. Das ist absolut nährend, erdend und heilsam.

Manchmal kann es sogar geschehen, dass dir jemand begegnet – vielleicht ein Krafttier oder ein anderes Wesen, das eine Botschaft für dich hat. Wunder geschehen immer wieder. Auch an deinem Kraftplatz. ♥

ÜBUNG 13

Besuch im BADEZIMMER

Es ist wirklich lustig: Unter der Dusche haben viele Menschen die besten Ideen. Ich auch. Wenn ich abends unter der Dusche stehe, erreicht mich so mancher Geistesblitz. Ich freue mich immer sehr über die tollen Ideen, die dann angeflogen kommen.

Doch woran liegt das eigentlich?

Ich vermute, es ist die Entspannung, die dafür sorgt, dass wir empfänglich werden. Wenn wir unter der Dusche stehen, ein Bad nehmen, Zähne putzen oder auf dem stillen Örtchen sitzen, gehen wir einer Tätigkeit nach, die sehr entspannend ist. Wir tun etwas, was uns vertraut ist. Wir gehen einer Routine nach, bei der wir nicht denken müssen. Die Handlungen im Bad sind oft »voll automatisiert«, was unser Gehirn dazu bringt, einen Gang runterzuschalten.

Wir lassen los. Wir entspannen. Wir lassen die Gedanken ziehen.

Diese natürlichen Prozesse können wir nutzen – einfach, indem wir öfter ins Bad gehen und uns bewusst Zeit für uns nehmen. Denn wenn wir ehrlich sind, sind wir so manches Mal auch im Bad in Eile. Schnell noch duschen, schnell noch Zähne putzen, schnell noch eben eincremen, schnell noch aufs Klo und dann ab ins Bett.

STOPP. Innehalten. Atmen.

Die Zeit im Bad darf zur Mußestunde werden. Wir dürfen uns Zeit nehmen. Wir dürfen loslassen und entspannen: den Alltag loslassen, den Körper entspannen, die Gedanken ziehen lassen.

Ich möchte dich herzlich einladen, deine Badezimmerzeit einfach einmal bewusst zu gestalten. Diese Zeit darf Entschleunigung bringen, und du darfst zur Ruhe kommen.

Ich habe ein paar Ideen für dich gesammelt, die dich dabei unterstützen, dich bei den täglichen Routinehandlungen im Bad noch stärker mit dir zu verbinden. Auf diese Weise können Ideen, Eingebungen und Impulse nur so sprudeln, und du wirst überrascht sein, wie sehr du in den Empfang kommst.

IDEE 1: MAGISCHES DUSCHEN

Ich nutze das abendliche Duschen nicht nur zur körperlichen Reinigung, sondern lasse mich von dem warmen Wasser auch vom Alltag befreien.

Zu Beginn meines Duschrituals stelle ich mir vor, wie das angenehm wärmende Wasser alles von mir abspült, was grau ist. Graue Gedanken, graue Erlebnisse, graue Gefühle. Alles, was sich schwer und belastend anfühlt, lasse ich fortspülen. Ich stelle mir dabei vor, wie all die Dinge, die mein inneres Licht dimmen, im Abfluss verschwinden. Das mache ich so lange, bis ich das Gefühl habe, dass ich gereinigt bin – innen wie außen.

Fühle dich herzlich eingeladen, dies auch einmal auszuprobieren. Nutze die abendliche Dusche, um dich zu reinigen und all das loszulassen, was dir nicht guttut – was auch immer es ist. Anschließend spüre einmal nach, was sonst noch dienlich für dich wäre.

Vielleicht möchtest du dir im Anschluss an den Reinigungsprozess, wenn alles Alte abgewaschen ist, vorstellen, dass das Duschwasser eine bestimmte Farbe hat. Gold, Weiß, Rosa, vielleicht Türkis? Welche Farbe würde dir guttun? Womit möchtest du dich aufladen? Du kannst dir auch vorstellen, dass das Duschwasser dir ein bestimmtes Gefühl bringt oder eine bestimmte Eigenschaft verleiht.

In deiner Vorstellungskraft kannst du dein Duschwasser in all das verwandeln, was du gerade brauchst.

Du brauchst Liebe? Lasse dich von Liebe erfüllen.
Du wünschst dir Mut? Lasse dich von Mut einhüllen.
Du wünschst dir einfach ein helles Licht, in dem du dich baden kannst? Dein Duschwasser kann sich in genau das Licht verwandeln, das du jetzt brauchst.

Vielleicht möchtest du auch einfach einmal dem Wasser lauschen, wie es plätschert und rauscht. Oder du möchtest einfach nur ganz bewusst FÜHLEN, wie es an deiner Haut hinunterläuft und dich wärmt.

Spüre in dich hinein, und entscheide jedes Mal neu, wie dein Duschwasser dir dienen kann. Das schult nicht nur dein Gespür für deine eigenen Bedürfnisse, sondern auch deine Vorstellungskraft und deine Intuition. Und so ganz nebenbei verbindest du dich immer stärker mit dir selbst und immer stärker mit dem Universum und der allumfassenden Kraft und Liebe, die dich ständig und überall umgibt.

Du duschst lieber morgens (oder morgens und abends)? Prima, auch am Morgen kannst du die Dusche wunderbar nutzen, um dich mit guten Gefühlen, positiven Gedanken oder wunderschönen Farben aufzuladen. Deiner Kreativität sind keine Grenzen gesetzt.

Dir steht ein schwieriges Gespräch mit dem Chef bevor? Lasse dich unter der Dusche von Gelassenheit berieseln.

Dir steht ein Abschied bevor, der dir sehr schwerfällt? Fülle dich unter der Dusche mit hellen Farben auf, die dir helfen, loszulassen.

Du fühlst dich nicht gut und hängst irgendwie in grauen Gedanken fest? Nutze die Dusche, um dich aus dem Gedankenkarussell zu befreien. Frage dein Herz, was jetzt hilfreich für dich wäre, und lasse dir genau DAS von deinem Duschwasser geben.

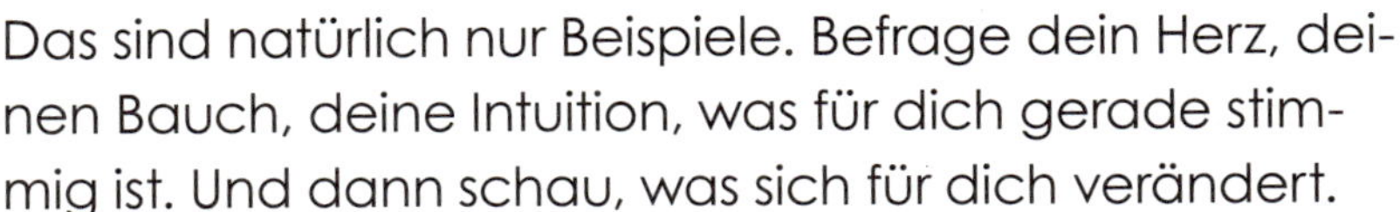

Das sind natürlich nur Beispiele. Befrage dein Herz, deinen Bauch, deine Intuition, was für dich gerade stimmig ist. Und dann schau, was sich für dich verändert.

Ich liebe dieses Duschritual. Es ist so wertvoll. Duschen kann so viel mehr sein. Duschen ist Verbindung. Duschen ist Magie pur.

IDEE 2: BEWUSSTES LOSLASSEN AUF DEM STILLEN ÖRTCHEN

Ja, ich weiß. Die folgende Idee wirkt auf den ersten Blick vielleicht etwas verrückt. Jedoch, je länger ich darüber nachdenke, desto klarer wird mir, dass es verrückt wäre, diese Übung nicht einfach einmal zu testen. Denn, noch nie war Loslassen so einfach wie mit dieser Übung.

Hören und lesen wir es nicht überall? Wir sollen die Dinge loslassen. Wie heißt es doch so schön: »Wer loslässt, hat beide Hände frei.« Aber kaum jemand weiß, wie das wirklich gelingt. Wir wissen vielleicht, was wir loslassen möchten, finden dann aber nicht in die Umsetzung.

Das stille Örtchen kann da eine gute Hilfe sein. Und Probieren geht über Studieren.

Gehörst du zu den Menschen, die eher ungern zur Toilette gehen, weil du meinst, dass das einfach »vergeudete Zeit« ist? Wie wäre es, wenn wir diese Toilettenzeit stattdessen jetzt einfach einmal ***vergolden?***

Es gibt sicher so einiges in deinem Leben, was du gern loslassen möchtest. Mache dir deshalb als Erstes einmal bewusst, was du eigentlich gern loslassen möchtest. Ist es vielleicht Trauer, Kummer, Wut, Verzweiflung, Angst, Kontrolle oder dergleichen? Ich denke, dir fällt da sicher etwas ein.

Nehmen wir jetzt einmal an, du möchtest die Schwere, die dein Herz umgibt, loslassen. Vielleicht spürst du eine Mauer um dein Herz herum, die du endlich einreißen möchtest. So ist es nun deine Aufgabe, dich jedes Mal von Herzen zu freuen, wenn das stille Örtchen dich ruft, weil du jetzt die Gelegenheit hast, nicht nur körperlich etwas loszulassen, sondern auch seelisch und energetisch.

Das bedeutet konkret, dass du dir jedes Mal, wenn du auf die Toilette gehst, vorstellst, dass die Schwere deines Herzens mit jedem Spülgang mit abfließt. Du lässt sie immer stärker los. Mit jedem Mal mehr. Spüre anschließend in dich hinein, was sich verändert hat.

Auch dies ist wieder reine Übungssache sowie eine Frage dessen, wie sehr du dich selbst erspüren und reflektieren kannst.

IDEE 3: BEWUSSTE KÖRPERPFLEGE

Schnell noch eincremen, schnell noch ein Peeling, schnell noch die Gesichtscreme einmassieren? Das kennen wir sicher alle.

Eile verursacht Stress, und in Stresssituationen sind wir ganz sicher nicht offen für Eingebungen, die hilfreich und wichtig für uns sein könnten.

Bei der Körperpflege können wir eine richtig tiefe Verbindung zum eigenen Körper eingehen, wenn wir uns Zeit nehmen. Deshalb, tue all diese Dinge einmal in Ruhe und mit Bedacht.

Gönne dir z. B. eine tolle Bodylotion, die wundervoll duftet und deine Haut verwöhnt, und zelebriere das Auftragen wie ein Ritual. Verbinde dich voll und ganz mit deinem Körper. Nimm Kontakt mit ihm auf. Spüre, wie sich die einzelnen Körperstellen anfühlen. Kannst du Blockaden wahrnehmen? Hast du Schmerzen? Fühlt sich etwas verhärtet an? Fühlt sich etwas schwer an?

Lasse deine Hände über deinen ganzen Körper gleiten, und spüre, welche Unterschiede du wahrnehmen kannst. Und wenn du möchtest, kannst du die Körperstellen, die sich nicht harmonisch anfühlen, auch einfach direkt fragen, was sie brauchen. Du wirst erstaunt sein, was du mitunter für Antworten erhältst.

Fühlt sich dein Körper an einigen Stellen schwer, hart, müde, blockiert oder einfach unangenehm an, dann hat das einen Grund. Jede körperliche Blockade hält eine Botschaft bereit. Und Botschaften möchten erhört werden.

Du kannst direkten Kontakt mit deinem Körper aufnehmen. Einfach, indem du in dich hineinspürst und fragst, was gebraucht wird. Wer fragt, bekommt Antworten. Möglicherweise erhältst du Hinweise dazu, was in deinem Alltag nicht ganz optimal läuft, sodass du eben jetzt diese Blockaden wahrnehmen kannst.

Aber, und darauf möchte ich auch noch einmal ausdrücklich hinweisen: Dein Körper freut sich IMMER über deine Zuwendung – auch, wenn alles im Lot ist.

Beschenke deinen Körper, indem du ihm deine Aufmerksamkeit schenkst und ihn erspürst. Er wird es dir danken und immer offener und verständlicher mit dir kommunizieren. ♥

Du siehst, im Badezimmer ist echter Kontakt möglich. Kontakt mit dir, mit deinem Herzen, mit deiner Seele und mit dem Universum.

Vielleicht hast du ja selbst gute Ideen, wie du deine Verbindung nach innen und nach oben im Badezimmer stärken könntest. Ideen sind es immer wert, ausgetestet zu werden. Wenn du also einen Impuls verspürst, wie du die Badezimmerzeit für eine tiefe Verbindung nutzen kannst, gehe diesem Impuls nach, und lasse dich überraschen, was das Leben für dich bereithält.

Je öfter du die Übungen durchführst und je mehr du in die Verbindung mit dir selbst gehst, desto unglaublichere Erkenntnisse wirst du gewinnen – über dich, über deine Muster, über deine Gedanken. Und je mehr du dich mit dir verbindest, desto mehr verbindest du dich mit »allem, was ist«. Und umso mehr Magie zieht in dein Leben ein.

So kann es z. B. passieren, dass du nicht nur Dinge besser loslassen kannst, sondern auch entsprechen-

de Hinweise dazu bekommst, warum es dir vielleicht noch schwerfällt, loszulassen.

In unserem Unterbewusstsein laufen viele komplexe Muster ab. So kann es sein, dass du vielleicht liebend gern etwas loslassen möchtest, was du insgeheim aber gar nicht loslassen kannst, weil du dieses Muster noch brauchst. Alles, was in unserem Leben ist, ist uns in irgendeiner Weise dienlich. Auf der einen Seite blockiert es, und auf der anderen Seite ist es nützlich.

Manchmal ist es hilfreich, diese Muster aufzudecken. Dies geschieht durch eine gute Verbindung zu dir selbst und zu »allem, was ist« völlig automatisch, nämlich in Form von Eingebungen und Impulsen, die dir ein mächtiges Aha-Erlebnis bescheren.

Im Grunde ist alles Spielerei. Und du darfst jede Übung dieses Buches spielerisch und mit der Unvoreingenommenheit eines Kindes angehen und einfach testen, üben, experimentieren – mit einem Lächeln im Gesicht und Funken in den Augen. So bringen die Übungen nicht nur mehr Freude, sondern sie funktionieren auch einfach besser und leichter.

Magisches Tönen: Das Herzenslied

Diese Übung ist ebenfalls eine meiner Lieblingsübungen, absolut bezaubernd und heilsam.

Kennengelernt habe ich das Tönen in einem Trance-Healing-Workshop. Hier sollten wir in einer Übung »unseren Ton« finden. Dazu gingen wir in Trance und brachten dann mit der Stimme einen Ton hervor. Das war am Anfang gewöhnungsbedürftig, denn wann nutzen wir wirklich einmal bewusst unsere Stimme? Wann bringen wir Töne hervor, die die normale Alltagskommunikation übersteigen?

Jedenfalls hatte ich in diesem Moment die Erfahrung gemacht, dass das Tönen etwas in mir auslöste, denn ich bin in Tränen ausgebrochen und konnte mich kaum beruhigen. Es kam etwas zutage, was ich wohl schon lange in mir trug. Durch das Tönen kam in mir etwas in Bewegung. Irgendetwas in mir veränderte sich. Ich wusste nur noch nicht so genau, was es war. Und so entschied ich mich, diese Technik zu Hause fortzuführen, um ein bisschen damit zu spielen. Und es tat mir gut. Ich fühlte mich zunehmend freier und leichter.

In meinen ThetaHealing-Ausbildungen ist mir diese Art des Tönens dann wieder begegnet und zwar in Form des »Herzensliedes«. Hier geht man in einen entspannten Zustand und bittet den Schöpfer von »allem, was ist«, im Herzen einen Ton entstehen zu lassen, der von Schmerz, Kummer und Sorge befreit. Alles, was das Herz bedrückt, beschwert und einengt, darf mit dem Ton freigelassen werden. Das Herz wird leichter.

Für mich fügte sich hier ein Puzzle-Teil an das nächste, denn ich hatte begriffen, dass durch das Tönen damals im Trance-Healing-Kurs ein alter Schmerz an die Oberfläche gekommen war, um dann entlassen zu werden. Das war mir zuvor nicht bewusst.

Diese Art des magischen Tönens schafft uns die Möglichkeit, alten festsitzenden Schmerz loszulassen. Und je mehr »alten Kram« wir verabschieden, desto leichter wird die Verbindung zum eigenen Herzen. Die Magie beginnt zu fließen. Und zwar direkt in unser Leben.

Und so geht's:

Gehe in einen entspannten Zustand, am besten im Stehen. Vielleicht möchtest du vorher fünf bis zehn Minuten meditieren oder einfach nur atmen. Lasse deine Gedanken ziehen, und zentriere dich in dir selbst. Du wirst spüren, wann es Zeit ist, deine Stimme zu benutzen.

Wenn die Zeit gekommen ist, bitte den Schöpfer/das Universum/die Urquelle allen Seins (oder welchen Begriff du auch immer verwenden möchtest) darum, in deinem Herzen einen Ton entstehen zu lassen, der dann deinen Mund verlässt. Beginne einfach mit einem »O« oder mit einem »A«. Teste verschiedene Stimmlagen, und spüre, mit welchem Ton du dich richtig wohlfühlst und welcher Ton dir leichtfällt.

Ich habe z. B. einmal einen Ton gefunden, der so leicht zu tönen war, dass ich gar nicht das Gefühl hatte, meine Stimmbänder zu benutzen.

Du wirst wahrscheinlich merken, dass sich auch die Lautstärke beim Tönen verändert. Möglicherweise wirst du erstaunt sein, dass du Töne hervorbringen kannst, von denen du gar nicht wusstest, dass es sie gibt.

Lasse dich hier, wie bei allen anderen Übungen auch, von deiner Intuition leiten. Vielleicht singst du zu Beginn nur einen Ton. In den darauffolgenden Tagen möchtest du vielleicht ein wenig mit verschiedenen Tönen spielen. Und dann tönst du vielleicht einmal eine Melodie, ganz spontan, von innen heraus. Das klingt dann vielleicht wie ein Mantra, nur eben mit Tönen.

Das Schöne ist, dass du dich beim Singen deines Herzensliedes auch mit dem Urton des Universum verbinden kannst. Das ist Heilung pur. Verbindung pur. Liebe pur.

Für mich ist diese Übung wahrlich magisch. Ich weiß vorher noch nicht, welche Töne ich singe und welche Melodie dabei vielleicht entsteht. Das bedeutet, ich gehe völlig erwartungsfrei an diese Übung heran. Und ich vertraue darauf, dass mein Herz genau weiß, welche Töne für mich gerade richtig sind. Und das wünsche ich mir auch für dich.

Lasse dich von deinem Herzen leiten. Folge deiner Intuition. Es geht nicht darum, einen perfekten Ton oder eine perfekte Melodie zu tönen. Es geht darum, dein Herz mithilfe eines Tons von altem Schmerz zu befreien, damit du dich zunehmend leichter und freier fühlst. Das Herzenslied ist ein Befreiungsschlag für dein

Herz, und du wirst mehr und mehr spüren können, wie du die Stimme deines Herzens im Alltag immer öfter und eindrucksvoller wahrnehmen kannst.

Manchmal fließen vielleicht befreiende Tränen, wenn du dein Herzenslied singst. Und ein anderes Mal trägst du vielleicht einfach das Gefühl von Freude und Dankbarkeit in dir, wenn du tönst. Alles ist richtig. Alles ist gut. Bleibe stets erwartungsfrei, und vertraue darauf, dass genau DAS angestoßen wird, was jetzt für dich wichtig ist.

Wenn du diese Übung gemacht hast, spüre einmal in dich hinein, wie du dich fühlst.

Ich fühle mich nach dem Tönen frei und einfach irgendwie glückselig. Es ist Verbindung pur. Magie pur. Und diese Magie können wir mit ganz einfachen Mitteln entfachen. Das ist einfach wunderbar und ein riesengroßes Geschenk.

Wenn du diese Übung einmal ausprobieren möchtest, dann empfehle ich dir, dies zunächst nicht in Anwesenheit anderer Menschen zu tun. Vor anderen Menschen wollen wir »glänzen«, gut sein, schön singen, etwas Tolles hervorbringen. Darum geht es jedoch bei dieser Übung nicht. Es geht nicht darum, perfekt zu tönen und dabei auch noch hübsch auszusehen.

Es geht darum, sich zu entspannen und die Verbindung aufzunehmen – die Verbindung zu deinem Inneren. Wir neigen ja dazu, alles, was wir kreieren, zu bewerten. Alles. Zumeist sind wir viel zu kritisch mit uns selbst und lassen kein gutes Haar an unseren »Werken«. Wenn andere Menschen anwesend sind, ist der Druck, alles gut und richtig machen zu wollen, noch höher. Und dadurch bremsen wir uns selbst aus.

Das Tönen ist eine Aufforderung an dich selbst, etwas aus dir hinausfließen zu lassen – was auch immer es sein mag. Beim Tönen geht es um eine tiefe Kontaktaufnahme mit unserem Herzen. Sei mit dir allein, wenn du diese Übung ausprobierst. Und lasse dich ganz fallen. Es lohnt sich, dich von sämtlichen Erwartungen und Vorstellungen zu befreien.

Ich wünsche dir dabei unendlich viel Freude. Und ganz viel Erlösung und Befreiung. Ich bin sicher, nach ein paar Übungseinheiten wirst du einen großen Unterschied bemerken.

Vielleicht kannst du besser und leichter atmen. Vielleicht hast du das Gefühl, dass weniger Schmerz in dir existiert. Oder vielleicht fühlst du dich einfach innerlich frei und glücklich.

Die magische KRAFT DER MORGENSEITEN

Ich liebe das Schreiben. Hier kann ich einfach alles aus mir hinausfließen lassen, was in mir ist. Im Schreibprozess kann ich mich ausdrücken, und es fließt, fließt, fließt. Als ich 2014 mit meinem Blog »Wir machen Glück« begonnen habe, nutzte ich das Schreiben, um mein Wissen und meine Erfahrungen für andere Menschen frei zugänglich zu machen. Schreiben, mein Element. Schreiben ist eine meiner Möglichkeiten, andere Menschen zu berühren und etwas in ihnen anzustoßen.

Was Schreiben jedoch noch so kann, wurde mir erst später richtig bewusst. Als ich in einer kleinen Sinnkrise steckte, bekam ich den Impuls, ab dem nächsten Morgen zu schreiben. Ich wusste zwar nicht, was ich schreiben sollte, machte mir jedoch auch weiter keine Gedanken darüber und setzte mein Vorhaben einfach in die Tat um. Am nächsten Morgen schrieb ich. Und am Morgen darauf wieder. Und wieder. Und wieder. Und ich machte magische Entdeckungen.

Hier, in diesem Buch, teile ich mit dir diese wundervolle Möglichkeit, dein Herz zu Wort kommen zu lassen durch das Schreiben.

Lasse uns nun unbedingt loslegen, denn ich bin sicher: Wenn du dieses »Werkzeug« einmal für dich entdeckt hast, wirst du es nie wieder hergeben.

In dieser Übung soll es konkret um das Schreiben von Morgenseiten gehen.

WAS SIND DIE MORGENSEITEN?

Die Morgenseiten schreibst du (in der Regel) morgens nach dem Aufstehen, um Zugriff auf dein Unterbewusstsein zu erlangen. Morgens ist das Gehirn noch etwas schläfrig, und der Verstand ist noch nicht so aktiv.

Du hast mit den Morgenseiten also die Möglichkeit, deine Seele zu kontaktieren und die Verbindung zu deinem Herzen zu stärken.

WELCHE REGELN GIBT ES BEIM SCHREIBEN DER MORGENSEITEN?

Es gibt keine Regeln und keine Vorgaben. Es gibt viele, viele Möglichkeiten, wie du deine Morgenseiten gestalten kannst, aber du darfst erst einmal alle Regeln loslassen und einfach SCHREIBEN. Ohne Erwartungen. Ohne Zensur. Ohne Bewertung.

Weißt du, wie schwer es ist, jegliches »Ich muss«, »Ich sollte« und »Ich darf nicht« loszulassen und sich einfach dem Schreibprozess hinzugeben? Das gehört tatsächlich zur Königsdisziplin, denn in unserem Kopf gibt es Tausende Vorstellungen und Erwartungen darüber, wie etwas abzulaufen hat. Und dabei bewahren wir gern die Kontrolle.

Meiner Erfahrung nach ist für die meisten Menschen die allergrößte Herausforderung, die Kontrolle einmal wirklich abzugeben und fließen zu lassen, was da aufs Papier möchte.

Ganz ehrlich, wir sind alle Meisterinnen und Meister der Kontrolle, und wir sind bestens darin geübt, Dinge »unter dem Deckelchen« zu lassen, anstatt sie anzuschauen. Wir scheuen uns vor unseren Themen, vor ungeliebten Gefühlen, vor negativen Erinnerungen und wollen sie lieber ausblenden, anstatt mit ihnen zu arbeiten.

Die Morgenseiten geben dir die Möglichkeit, hinzuschauen. Sie laden dich ein, das aus dir hinausfließen zu lassen, was dich schon so lange quält. Und sie zeigen dir, wie heilsam es sein kann, die Kontrolle für einen Moment aufzugeben.

WAS SCHREIBT MAN IN DEN MORGENSEITEN?

In meinem Schreibprozess habe ich drei Phasen kennengelernt, die ich dir hier gern verraten möchte. Denn es ist mir wichtig, dass du erkennst, dass die Morgenseiten eine GROẞARTIGE Möglichkeit sind, um …

- mit dir in Kontakt zu kommen.
- dein Leben in eine neue, positive Richtung zu lenken.
- alte Wunden zu heilen.
- deine Schöpferkraft bewusst zu aktivieren und zu nutzen.

Die Morgenseiten sind DAS magische Tool, um pure Magie in dein Leben einzuladen. Wenn du dich auf diesen magischen Schreibprozess einlässt, verbindest du dich enorm mit dir selbst, und viele kleine und große Wunder werden dir begegnen.

Jetzt möchte ich dir die drei Phasen des Schreibens der Morgenseiten vorstellen, damit du eine Idee davon bekommst, was mit diesem Werkzeug alles möglich ist.

Phase 1: sich alles von der Seele schreiben

In der ersten Phase ist es wichtig, einmal alles loszuwerden, was die Seele bedrückt: Wut, Trauer, Ärger, Enttäuschung, alte Erinnerungen und Verletzungen. Hier darfst du ALLES runterschreiben. Alles. Ohne Hemmungen. Ohne Bewertung. Ohne Zensur. Ich nenne das »sich liebevoll auskotzen«.

Ich vergleiche das gern mit einer Magen-Darm-Grippe: Der Körper möchte loswerden, was ihm nicht guttut. So ist das auch mit seelischem Müll. Es darf einmal alles raus. Raus aus dem Körper, rauf aufs Papier. Doch wir neigen häufig dazu, seelischen Ballast zu unterdrücken. Jetzt stelle dir einmal vor, du würdest bei einer Magen-Darm-Grippe alles unbedingt halten wollen, was dein Körper loswerden will. Dein armer Körper. Er müsste mit dem schädlichen Kram irgendwie zurechtkommen. Und er würde leiden. Sehr leiden. So ist das auch mit den Dingen, die unsere Seele beschweren. Wenn wir uns nicht erlauben, unseren seelischen Ballast einmal auszudrücken und sichtbar zu machen, dann muss unsere Seele irgendwie damit zurechtkommen. Und auch sie leidet. Sehr sogar.

Es ist also enorm wichtig, einfach einmal schriftlich fließen zu lassen, was fließen möchte. Sich dies zu erlauben, kann aber eben – wie gesagt – durchaus herausfordernd sein. Was erschwerend hinzukommt, sind die ständigen »Warnhinweise« von außen, bloß aufzupassen, was wir denken, denn es könnte ja Wirklichkeit werden. Wir sollen Gedankenhygiene betreiben und uns möglichst oft gut fühlen, damit wir keine unerwünschten Dinge in unser Leben ziehen. Kennst du solche Aussagen auch?

Aus Angst, negative Dinge in unser Leben zu ziehen, wenn wir uns mit unseren inneren Themen beschäftigen und »negative« Gefühle wirklich fühlen, drücken wir Unerwünschtes weg. Wir wollen nicht hinschauen.

Ja, wir werden sehr oft von Ängsten geleitet. Und genau diese Angst möchte ich dir nun nehmen.

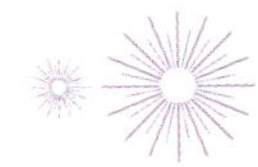

Wenn du dir mit deinen Morgenseiten etwas von der Seele schreibst, negative Erinnerungen thematisierst und unangenehme Gefühle aufdeckst und entschlüsselst, ziehst du deswegen nicht gleich Negatives in dein Leben. Ich habe sogar die gegenteilige Erfahrung gemacht.

In Wirklichkeit ist es nämlich so, dass du, wenn du dir mit den Morgenseiten einmal alles von der Seele geschrieben hast, für den Rest des Tages einen absolut freien Kopf hast, um dich um die Dinge zu kümmern, die dir am Herzen liegen.

Als ich mit dem Schreiben der Morgenseiten begonnen habe, habe ich ca. eine Woche lang nur Dinge aus mir hinausfließen lassen, die mich belasteten. Es floss einfach. Es war, als hätte ich einen Deckel geöffnet, aus dem Belastendes einfach hinausfließen konnte. Und ich merkte, dass ich mich zunehmend befreiter fühlte und ich tagsüber weniger im Gedankenkarussell festhing. Ja, ich spürte, dass ich am Tage mehr Energie hatte, um mich um die Dinge zu kümmern, die ich in mein Leben ziehen wollte. Und ich merkte, dass ich mehr Manifestationskraft gewann, weil ich innerlich immer freier wurde. Das war eine ganz tolle Erfahrung.

Einfach einmal den Dingen Raum geben, die wir sonst gern wegschieben. Einfach einmal wirklich das Licht anmachen und schauen, was uns bewegt. Einfach einmal ERLAUBEN, dass Themen an die Oberfläche kommen, damit wir sie endlich heilen können.

Das tut gut und lässt uns abends besser einschlafen, weil der Kopf freier wird. Jeden Tag mehr.

Das bedeutet jedoch nicht, dass du in den Morgenseiten nur noch »alten Kram« bearbeiten sollst, denn durch den Schreibprozess ist noch so viel mehr möglich.

Phase 2: Fragen stellen und Antworten erhalten

Wenn du mit den Morgenseiten beginnst und dir erlaubst, dir erst einmal alles von der Seele zu schreiben, wirst du genau spüren, wann es genug ist. Ein Gefühl von »innerer Leere« stellt sich ein – im positiven Sinne –, das sehr angenehm und befreiend ist. Dann kannst du beginnen, die Morgenseiten anderweitig zu nutzen. Wenn du bereits ein paar Tage lang regelmäßig geschrieben hast, stärkst du mit jedem Tag die Verbindung zu deinem Herzen. Es ist spürbar.

Absolut magisch ist, jetzt zu beginnen, in den Morgenseiten Fragen zu stellen. Denn wer fragt, bekommt Antworten.

Stelle dir vor, du bist in einer Situation, in der du nicht weißt, wie du (re-)agieren sollst. Vielleicht ist eine Entscheidung fällig, oder du spürst eine innere Blockade und traust dich nicht, diese Hürde zu meistern. Wie wäre es, wenn du in deinen Morgenseiten einfach fragen könntest, welche Botschaft diesbezüglich für dich bereitsteht? Wie wäre es, wenn du danach fragen könntest, was dein Herz wünscht? Und wie wäre es, wenn du fragen könntest, wie dein nächster Schritt aussehen könnte? Und jetzt stelle dir vor, wie es wäre, wenn du in deinen Morgenseiten Antworten bekommen würdest – Antworten auf deine Fragen.

Die Antworten können auf vielfältige Weise kommen. Manchmal direkt im Schreibprozess, manchmal im Laufe des Tages und manchmal in Form anderer Botschaften. Du kannst in deinen Morgenseiten immer Botschaften erbitten und dir auf diese Weise viele Antworten auf deine Fragen »anzeigen« lassen.

Ab und an kann es sogar passieren, dass du während des Schreibens von der Ich-Form in die Du-Form wechselst und dir plötzlich selbst Erkenntnisse lieferst.

In meinem E-Mail-Kurs »Die magische Kraft der Morgenseiten« begleite ich dich durch diesen Prozess und zeige dir viele Möglichkeiten und Ideen auf, wie du das Fragen in den Morgenseiten nutzen kannst.*

Dies alles ist hoch spannend und absolut magisch. ♥

Phase 3: Manifestieren

In der dritten Phase kannst du das Schreiben der Morgenseiten zum bewussten Manifestieren nutzen. Du brauchst dich nur mitzuteilen und um konkrete Impulse bitten, wie du deinen nächsten Schritt gestalten kannst. Auf diese Weise kannst du die Energie des Tages in die gewünschte Richtung lenken und dich vom Universum unterstützen lassen.

Du kannst in den Morgenseiten beschreiben, wie du dich am Tage fühlen möchtest. Du kannst um Eigenschaften bitten, die du an diesem Tag besonders gebrauchen kannst, und du kannst fragen, welchen wichtigen Schritt du als Nächstes gehen solltest, um

---

* Weitere Informationen findest du auf www.sabinebromkamp.de

deinem Ziel etwas näherzukommen. Du kannst hier deine Träume, Ziele und Visionen genau beschreiben und somit dafür sorgen, dass du deine Energie immer in die richtige Richtung lenkst.

Es macht einfach einen riesengroßen Unterschied, wie du in den neuen Tag startest, und vor allem, ***WIE DU DICH AUSRICHTEST.***

Du hast tausend Möglichkeiten, deine Morgenseiten zu gestalten und dich somit für unendlich viele Wunder des Lebens zu öffnen.

Die Morgenseiten sind tatsächlich so etwas wie ein direkter Draht zum Universum und zu deinem Herzen. Perfekt also, wenn du dir mehr Magie für dein Leben wünschst. ♥ Denn hier schaffst du einen Raum, in dem du dir selbst einmal WIRKLICH begegnen kannst – einen Raum, aus dem du schöpfen und dein Leben von innen heraus kreieren kannst.

Die Morgenseiten können ein großes Abenteuer sein, das zunächst alles auf den Kopf stellt. Aber dann wird es absolut magisch und einfach wundervoll.

♥ ♥ ♥

ÜBUNG 16

Fasten einmal anders

Fasten hilft uns, den Körper tief greifend von allem Schädlichen zu reinigen und uns von Süchten zu befreien. Du glaubst gar nicht, wie vielen Süchten du dich jeden Tag ganz unbewusst hingibst – und es ist gar nicht so leicht, sie zu entlarven.

Hier habe ich direkt schon mal ein paar Tipps, wie du deine kleinen und großen Süchte erkennen kannst:

- Du setzt dich immer wieder gewissen Dingen aus, obwohl sie dir vielleicht gar nicht guttun.
- Dein Körper ist stärker als du, und du tust immer wieder Dinge, die du eigentlich gar nicht möchtest.
- Gewisse Dinge geben dir ein Gefühl der Befriedigung, obwohl sie dich in Wirklichkeit schwächen und dir Energie absaugen.
- Du hast keine Kontrolle mehr darüber, was du tust. Ein Automatismus, den du kaum steuern kannst, hat sich entwickelt.

Wir alle sind süchtig. Und ich spreche hier nicht von solch offensichtlichen und schwerwiegenden Süchten wie Alkoholsucht, Drogensucht oder Zigarettensucht. Das sind natürlich auch Süchte. Aber es gibt da auch noch die anderen, die viel stiller in unser Leben schleichen und die Kontrolle übernehmen – die Kontrolle darüber, wie wir uns fühlen, wie wir handeln, wie wir denken.

Gehe einmal die folgende »Sucht-Liste« durch, und spüre rein, worin du dich wiedererkennst.

Die Sucht nach Neuigkeiten:
Du ertappst dich dabei, über den Tag hinweg immer wieder die neuesten Nachrichten zu verfolgen, zu schauen, was alles so in der Welt passiert ist. Und immer wieder bist du erschüttert über all das Leid, das du wahrnehmen kannst. Du findest es beängstigend, was in deinem Heimatland so alles los ist. Wenn du dann die aktuellen Nachrichten gelesen hast, fühlst du dich schlecht. Und trotzdem tust du es in einer Stunde schon wieder. Und dann wieder und wieder.

Die Sucht, deine E-Mails zu checken:
Du schaust ständig, ob du neue E-Mails bekommen hast. Du hast (fast) all deine E-Mail-Konten auf deinem Handy eingerichtet, sodass du jederzeit sofort siehst, wenn du neue E-Mails bekommst. Morgens,

wenn du aufwachst, geht der erste Griff zum Handy, um mal eben schnell zu schauen, ob du neue Nachrichten hast. Während du Zähne putzt, checkst du deine E-Mails. Ebenso während des ersten Kaffees. Dieses Muster zieht sich durch den ganzen Tag. Ständig schaust du, ob du eine neue E-Mail erhalten hast. Unbewusst und voll automatisiert greifst du stets in freudiger Erwartung zum Handy und spürst, nachdem du deine E-Mails gecheckt hast, eine Enttäuschung, weil entweder gar keine E-Mail gekommen ist oder du nur langweilige Nachrichten bekommen hast. Du bist süchtig nach dem guten Gefühl, nach diesem ERFOLGSERLEBNIS, das dir eine interessante E-Mail schenkt. Vielleicht eine E-Mail, die dein Leben verändert? Man weiß ja nie. Und so checkst du deine Mails. Und checkst. Und checkst. Und checkst. Vorfreude und Enttäuschung wechseln sich ab. Manchmal sogar im Minutentakt.

Die Sucht nach Social-Media:

Du hast einen Facebook-Account. Du nutzt Instagram und vielleicht auch Twitter. Oder Pinterest. Vielleicht hast du auch nur ein einziges Konto im Social-Media-Bereich. Und du bist süchtig danach. Du hast Facebook und Co. auf deinem Handy parat und greifst automatisch immer wieder zum Smartphone, um zu schauen, was es Neues gibt. Eigentlich hättest du etwas anderes zu tun, und eigentlich wolltest du dei-

ne Zeit einmal für andere, sinnvollere Dinge nutzen, trotzdem erwischst du dich immer wieder mit dem Handy in der Hand und holst dir ein Update über all die Dinge, die deine »Freunde« gerade tun. Ein spannender Beitrag hier, eine neue Freundschaftsanfrage da … Ups, schon wieder eine halbe Stunde rum. Zeit für die Dinge, die du eigentlich vorhattest, bleibt dann manches Mal nicht mehr – lohnt sich auch nicht mehr. Also, noch einmal kurz zurücklehnen, dir die Ruhe gönnen und weiter auf Facebook, Instagram und Co. stöbern …

Die Sucht, Wissen zu sammeln, statt es anzuwenden: Du beschäftigst dich fortlaufend damit, Wissen anzuhäufen. Du bestellst dir immer neue Bücher, liest Artikel in Fachzeitschriften, Social-Media-Beiträge, Newsletter und greifst auch bei kostenfreien Angeboten im Internet (z. B. Challenges, Mini-Kurse, etc.) gern zu. Du verbringst deine Zeit damit, dein Gehirn zu füttern. Du brauchst den Input einfach. Du erweiterst nahezu immer dein Wissen, und dein E-Mail-Postfach quillt vor lauter Newslettern, die wieder neues Wissen bereithalten, über. Du merkst gar nicht, dass es jetzt eigentlich einmal an der Zeit wäre, dir eine Pause zu gönnen, in die Stille zu gehen und einfach einmal alles sacken zu lassen. Vielleicht merkst du auch gar nicht, dass du für den Moment mehr als genug weißt und jetzt viel eher die richtige Zeit für die Umsetzung wäre. Was nutzt dir

der ganze Input, wenn du nicht ins TUN findest und wenn all dein Wissen theoretisch bleibt? Was nutzt dir die ganze Wissensansammlung, wenn du nicht herausfindest, was davon für dich eigentlich stimmig ist und was zu dir passt, sodass du all die anderen gut gemeinten Ratschläge, Methoden und Möglichkeiten getrost wieder loslassen kannst? Was nutzt dir all dein Wissen, wenn du nicht endlich losgehst und dein Leben l-e-b-s-t?

Die Sucht nach Zucker und Co.:
Du liebst Schokolade, Kuchen und anderen Süßkram. Und du kannst die Finger nicht davon lassen. Dabei spürst du, dass dein Körper eigentlich etwas anderes braucht. Und trotzdem greifst du immer wieder zu Zucker und Co. Du fühlst dich oft energielos und träge. Mit deinem Gewicht bist du vielleicht auch nicht ganz zufrieden. Und dennoch, die Tafel Schokolade ist ganz schnell aufgefuttert, und nach dem ersten Stück Kuchen gibt es immer noch ein zweites. Vielleicht

führst du dir auch einen Nährstoff immer wieder zu, der dir gar nicht guttut. Vielleicht verträgst du keine Milchprodukte, vielleicht kein Weißmehl. Und trotzdem isst du es immer wieder, weil es dir schmeckt und du es einfach gewohnt bist, dich so zu ernähren.

Ich möchte keinesfalls über bestimmte Ernährungsweisen urteilen, und erst recht möchte ich dir von bestimmten Nahrungsmitteln nicht abraten. Ich denke, jeder Mensch, jeder Körper braucht etwas anderes. Was mir guttut, kann für dich unpassend sein und umgekehrt.

Es geht auch nicht darum, dass ich Zucker, Gluten, Weißmehl, Fleisch, Milch etc. ablehne und dir empfehlen möchte, dich von diesen Lebensmitteln zu verabschieden. Nein, es geht mir lediglich darum, dir aufzuzeigen, dass du vielleicht Lebensmittel zu dir nimmst, die dir nicht guttun. Und du tust es, obwohl dir das bewusst ist. Das ist der Punkt. Das ist Sucht.

Erwischt?

Die Sucht nach negativen Gedanken und Zweifeln:
Du kannst einfach nicht aufhören, negativ zu denken. Du gerätst immer wieder in die negative Gedankenspirale. Und du steigst jedes Mal ein, wenn sich das negative Gedankenkarussell in Gang setzen möchte.

Du legst einen Herzenswunsch schnell ad acta, weil dein negatives Gedankengut, deine Zweifel, dir weismachen wollen, dass das sowieso alles nichts bringt. Vielleicht hält dich deine ewige Grübelei davon ab, Dinge anzupacken, die wirklich wichtig sind. Vielleicht beschützt dich dein negatives Denken vor großen, vermeintlich gefährlichen Abenteuern, die dich ins Verderben stürzen könnten. »Die Abenteuer überlasse ich lieber den anderen«, denkst du dir.

Zwar können dir auch negative Gedanken und Zweifel dienlich sein. Sowieso ist uns ja alles irgendwie dienlich. In welcher Form auch immer. Aber magisch wird dein Leben dadurch nicht.

Die Sucht nach Jammern:
Diese Sucht ist eine der schlimmsten. Nicht nur, dass man durch ständiges Jammern anderen Menschen viel Energie abziehen kann (oder ihnen zumindest die gute Laune verdirbt, wenn man mal wieder übertreibt), nein, man schadet vor allem sich selbst.

Kennst du das? Du bist irgendwie nie zufrieden, suchst die Schuld immer bei anderen (beim Partner, Chef, Nachbarn, bei den Kindern, den Eltern, den Lehrern, den Verkäufern), bist nie wirklich dankbar für all die wundervollen Dinge, die geschehen, und siehst dich selbst als Opfer. Liegt dein Fokus auf den Dingen, die

nicht funktionieren? Hast du den Blick für die Fülle um dich herum verloren?

Jammern bedeutet auch, dass man die Verantwortung fürs Leben abgibt und dass das Leben es einem sowieso nie recht machen kann. Und ja, Jammern kann süchtig machen. Denn wenn du nur an »der richtigen Stelle« jammerst, dann bekommst du eine Menge Bestätigung.

Wenn zwei jammernde Menschen aufeinandertreffen, dann geht so richtig die Post ab, dann ist alles schlecht, und es gibt kein Halten mehr. Jeder fühlt sich durch den anderen bestätigt, was wiederum ein gutes Gefühl macht. Man ist in die Sucht-Falle getappt.

Süchtig nach …

Wir können nach vielem süchtig sein: nach bestimmten Substanzen (Nikotin, Alkohol, Drogen, Koffein etc.), nach Gefühlen, nach Sport, nach Arbeit, nach Sex, nach Shopping. Die Liste ist lang.

Ich möchte hier gar nicht näher darauf eingehen, wie Süchte entstehen. Aber ich möchte dich darauf aufmerksam machen, dass wir alle süchtig sind und dass diese Süchte oft ganz unbewusst unser Leben beeinflussen.

Wenn du ständig auf dein Handy schaust oder ewig im Jammer-Modus feststeckst, dann kann sich die Magie des Lebens nur schwer entfalten.

Wir sitzen inmitten unserer Komfortzone, wenn wir unseren Süchten nachgehen. Dabei ist die Komfortzone nicht immer unbedingt ein Bereich, der uns guttut, aber sie ist uns vertraut. Und dieses vertraute Gefühl mögen wir, weil wir uns hier sicher fühlen. Wir kennen uns aus.

Stelle dir vor, wie für alles, was du tust, eine Straße in deinem Gehirn angelegt wird. Und je öfter du gewisse Dinge tust, desto breiter wird die Straße. Je öfter du gewissen Mustern folgst, desto stärker und dominanter werden die Straßen in deinem Gehirn, bis du auf einer sechsspurige Autobahn fährst. Klar, dass du irgendwann am liebsten auf dieser Autobahn unterwegs bist. Sie ist groß, mächtig, übersichtlich, und du kommst schnell voran.

Versuche dann einmal, einen neuen Weg zu finden und diese gigantische Autobahn zu meiden. Sie wird dich immer wieder magisch anziehen, und du musst ganz bewusst bei der Sache bleiben, um zu erkennen, wann du dich wieder »unmerklich« der Autobahn näherst, um dann umzukehren.

Du brauchst Kraft, Willen und Ausdauer, wenn du in deinem Gehirn neue Straßen anlegen willst. Und du musst diese neuen Straßen (neue erwünschte Gewohnheiten) immer wieder befahren, wenn du sie stärken und ausbauen möchtest.

Das ist anstrengend. Und du musst dich aus deiner Komfortzone herausbewegen, etwas Neues wagen, Risiken eingehen und dich deinen Ängsten und inneren Saboteuren stellen. Ja, das kostet Kraft. Das strengt an. Da ist es doch viel leichter, einfach in den alten Mustern, in den alten Süchten zu verharren. Aber innerhalb der Komfortzone spielt sich leider nicht das wahre Leben ab. **Die Magie deines Lebens entfesselt sich, wenn du beginnst, in deinem Gehirn neue Straßen zu erkunden, und wenn du beginnst, dein Leben wieder unter Kontrolle zu bringen.**

Solange du deinen Süchten folgst, hast du die Zügel nicht in der Hand. Du wirst gelebt, anstatt zu leben. Du reagierst, anstatt zu agieren. Das ist nicht magisch. Das ist tragisch.

Wenn du dir für dein Leben mehr Magie wünschst, dann schau einmal ganz genau hin.

Welchen Süchten unterliegst du?
Woran hindert dich deine Sucht?

Wie sehr hält sie dich in deiner Komfortzone? Und wie sehr kontrolliert sie dein Leben?

Oft sind es die kleinen Dinge – der ständige Griff zum Smartphone, der ständige Blick in die Mails, der ständige Hang zum Grübeln und Zweifeln. Erkenne diese Süchte. Und beginne, neue Wege zu gehen. Mache dir all die kleinen Saboteure in deinem Leben bewusst, und übernimm wieder die Kontrolle über dein Leben.

MEIN VORSCHLAG FÜR DICH

Mache doch einfach einmal – ganz spielerisch – eine kleine Fastenkur. Schau dir deine Gewohnheiten an, und frage dich: »Sind mir diese Gewohnheiten nützlich?« Wenn nicht, dann nimm doch einmal eine kleine Herausforderung an. Einfach einmal eine Woche …

- kein ständiger Nachrichten-Check
- oder nur dreimal täglich die Mails abrufen
- oder feste (kurze) Social-Media-Zeiten einhalten
- oder ein Dankbarkeitstagebuch schreiben, anstatt zu jammern.

Was könntest du tun, um langsam die Kontrolle zurückzugewinnen und leichter die Dinge loszulassen, die dir nicht guttun? Und was würde dir helfen, diese

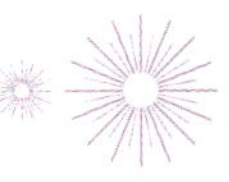

Woche wirklich durchzuziehen? An welcher Stelle in deinem Leben möchtest du wieder die Zügel in die Hand nehmen?

Experimentiere ein bisschen mit deinen Gewohnheiten und Süchten. Was verändert sich, wenn du dir der Dinge, die du tust, wieder bewusst wirst? Und was verändert sich, wenn du dein Leben wieder stärker aus deinem Inneren heraus gestaltest, anstatt dich von deinen Süchten und Gewohnheiten (ver-)führen zu lassen?

Wenn du möchtest, führe ein Tagebuch darüber. Das kann dir mitunter viel Kraft geben, standhaft zu bleiben, wenn du wieder kurz davor bist, einem alten Muster zu verfallen.

Und wenn du merkst, dass du gerade wieder in eine alte Verhaltensweise hineinschlidderst, dann führe dir vor Augen, dass der Schmerz der Entwöhnung vorübergeht. Der Schmerz über dein verpasstes und wahrlich unmagisches Leben würde jedoch für immer bleiben. Was wählst du?

Denke immer daran: Du bist der Schöpfer deines Lebens. Du kannst dein Leben gestalten und kreieren und dadurch ganz viele magische Momente, Erlebnisse, Überraschungen und Wunder in dein Leben ziehen.

ÜBUNG 17

Träume süß

Dies ist weniger eine Übung als viel mehr ein liebevoller Hinweis darauf, was unser Unterbewusstsein für magische Erkenntnisse für uns bereithalten kann.

In diesem Fall geht es um das Träumen. Ich möchte dich gern dazu anhalten, deine Träume einmal näher zu betrachten.

Wie sieht es mit deinen Träumen aus? Träumst du viel?

Bei mir ist das recht unterschiedlich. Es gibt Zeiten, da schlafe ich so tief und fest, dass die Nacht ohne geträumte Abenteuer an mir vorüberzieht. Es gibt jedoch auch Phasen, in denen ich sehr interessante Träume habe. Irgendwann beleuchtete ich meine Träume einmal näher und durfte feststellen, dass es sich wirklich lohnt, stärker hinzuschauen. Andernfalls wären mir sehr heilige Erkenntnisse vielleicht verschlossen geblieben.

Ja, es gibt Zeiten, da halten unsere Träume wichtige und hilfreiche Erkenntnisse für uns bereit. Wir erhalten

Botschaften und Hinweise. Und manchmal ist sogar ein deutlicher Wegweiser dabei – ein Wegweiser, der uns zeigt, welche inneren Prozesse wir gerade durchleben. Das ist nicht immer angenehm. Das sind nicht immer schöne Träume. Es sind vor allem eindrückliche Träume, die in uns ordentlich etwas in Bewegung setzen.

Ich selbst habe einmal morgens bitterlich geweint und war heilfroh, dass ich nur geträumt hatte, trotzdem begleitete mich das Gefühl des Traumes durch den ganzen Tag. So war ich regelrecht gezwungen, mich mit dem Thema des Traumes zu befassen. Ich fragte mich: »Warum habe ich das geträumt? Wo liegt die Botschaft? Was möchte mir mit diesem Traum mitgeteilt werden?«

Im Laufe des Tages recherchierte ich ein bisschen im Bereich »Traumdeutung« und stellte innerlich viele Fragen. Mit der Zeit sickerten immer mehr Erkenntnisse durch, und irgendwann war mir glasklar, welche Botschaft sich hinter diesem besonderen Traum verborgen hatte. Und ich war einfach nur glücklich und dankbar, denn diese Botschaft ist sehr wichtig für mich gewesen.

Daraufhin folgten weitere Träume, Nacht für Nacht. Träume, die nicht immer schön waren, aber gleichzeitig wundervolle Erkenntnisse für mich bereithielten.

Manchmal sind wir am Tag so beschäftigt und stecken so sehr im stressigen Alltag fest, dass wir uns überhaupt nicht verbunden fühlen – weder mit dem Universum noch mit uns selbst. Dann kann es sich lohnen, einfach einmal in die Nacht zu schauen und sich zu fragen: »Bin ich in der Nacht empfänglich für Impulse?«

MEIN TIPP FÜR DICH

Hole dir deine Träume in den Alltag, und schaue, was dir dazu in den Sinn kommt. Vielleicht möchtest du dir ja auch ein Traumtagebuch anlegen. Das Traumtagebuch kannst du gestalten, wie du möchtest. Vielleicht möchtest du deine Träume morgens schriftlich festhalten. Oder du fragst ganz konkret nach der Botschaft, die sich dahinter verbergen könnte.

Kennst du das, wenn dir tagsüber plötzlich wieder einfällt, was du geträumt hast? Vielleicht erinnerst du dich dann nur an einen kleinen Ausschnitt. Oder auch an den ganzen Traum. Ausgelöst wird diese Erinnerung oft durch Trigger im Alltag.

Mal angenommen, du siehst im TV ein Krokodil und erinnerst dich dann schlagartig: »Moment mal, ich habe ja heute Nacht von einem Krokodil geträumt.« Auch diese Trigger kannst du dir dann notieren, und wenn du Lust hast, suche einmal im Internet nach Seiten, auf denen du Hinweise zur Traumdeutung finden kannst.

Ich bin sicher, du wirst den einen oder anderen Impuls erhalten, wenn du dich mit deinen Träumen beschäftigst. Das kann richtig Spaß machen. Und manchmal kann sogar eine Erkenntnis dabei sein, die dich wahrlich aus den Socken haut. ♥

EXTRA-TIPP

Du kannst auch aktiv darum bitten, im Traum eine Botschaft zu erhalten. Wenn du gerade in einer schwierigen Situation steckst oder es eine Entscheidung zu treffen gilt, dann bist du möglicherweise im Schlaf offener für Botschaften, die sich im Alltag nicht zeigen möchten (oder für die du im Alltag eben nicht so empfänglich bist, weil du keine Zeit und Muße findest, der Stimme deines Herzens zu lauschen).

Wir können immer um etwas bitten, was wir empfangen möchten. Ob du es in den Morgenseiten tust (Übung 15: Die magische Kraft der Mogenseiten), unter der Dusche (Übung 13: Besuch im Badezimmer) oder eben im Schlaf. Du kannst immer ganz bewusst in den Kontakt mit deinem Herzen, mit deiner Seele oder mit dem Universum treten – einfach, indem du darum bittest.

Mit ein bisschen Übung wirst du deinen persönlichen Zugang finden. Manche Dinge fallen uns leichter als andere. Sieh es als Abenteuer, herauszufinden, welcher Zugang für dich leicht und freudvoll ist. Das Leben ist ein herrliches Spiel, in dem du den ganzen Tag testen, experimentieren, üben, ausprobieren kannst … in jeder Hinsicht.

Wenn du also bewusst darum bittest, während des Schlafs, im Traum, wichtige Infos und Wegweiser zu erhalten, dann öffne dein Herz gleichzeitig für Möglichkeiten der Kontaktaufnahme.

Vielleicht ist GENAU DAS dein persönlicher Zugang, und du beginnst, deine Träume mit anderen Augen zu betrachten. Vielleicht sind deine Träume dein größter Wegweiser, deine tiefste Quelle, dein magischster Ort.

Beschäftige dich einfach einmal eine Weile mit deinen Träumen. Vielleicht wirst du, nachdem du diese Übung gelesen hast, bereits in den kommenden Tagen von einem magischen Traum überrascht. Dann darfst du das als Zeichen dafür betrachten, dass hier Potenzial verborgen liegt, das es zu entdecken gilt. ♥

Übung 18

Sei Mutter Erde

Diese Übung ist speziell für die weiblichen Anteile in uns. Also auch für Männer, denn auch Männer tragen weibliche Anteile in sich. ♥

Ist dir schon einmal aufgefallen, dass wir uns in Meditationen oftmals nach oben hin verbinden? Wir verbinden uns mit dem Universum, mit den Sternen, mit der Sonne, mit dem Mond. Wir stellen uns vor, nach oben zu gehen, und gehen mit unserer Aufmerksamkeit aus uns heraus. Wir erspüren die Energie der Bäume, der Blumen, der Tiere. Wir fühlen uns ein und gehen dabei so manches Mal aus unserem Körper heraus.

Mit dieser Übung möchte ich dich einladen, dich eine Weile darauf zu besinnen, in dir zu bleiben und Mutter Erde zu SEIN.

Ich bin Mutter Erde. Du bist Mutter Erde. Wir alle sind Mutter Erde. Einfach, weil wir alle das Weibliche in uns tragen.

Gehe in die Stille, und schließe deine Augen. Nimm einige tiefe Atemzüge, und zentriere dich. In dir. Spüre dein warmes Herz. Spüre deine Chakren, spüre deinen Puls. Spüre das Beben, das Leben, die Lebendigkeit in dir. Spüre dein rotes Herz, wie es leuchtet und schlägt, im Rhythmus der Erdtrommeln.

Du bist Mutter Erde. Du trägst alles in dir.

Während du da sitzt oder stehst und du all das Leben in dir findest, öffnen sich deine Fußsohlen, und die weibliche Kraft von Mutter Erde fließt von unten in deinen Körper hinein. Sie erfüllt dich, nährt dich, wärmt dich.

Vor deinem inneren Augen siehst du die Jahreszeiten vorüberziehen, das Meer, die Berge, die Wüste. Du siehst das Blau, die Weite, die Natur, die Hügel, die Berge, das Grau, die Farbe, das satte Gras und die dürre Wüste. Du siehst alles, was Mutter Erde ausmacht. In dir. Und du spürst, dass all diese Aspekte durch die Kraft von Mutter Erde in dir erweckt werden. Alles das ist in dir.

Du bist eine Frau, du bist weiblich, du bist zyklisch. Wie Mutter Erde.
Du bist Mutter Erde.
Du bist nährend.

Du bist gewaltig.
Du bist großherzig.
Du bist mütterlich.
Du bist ein Segen für alle Wesen dieser Erde.

Mutter Erde verbindet sich mit dir. Du verbindest dich mit ihr. Und eure Herzen schlagen im gleichen Takt.

Erkenne und spüre die Verbundenheit mit Mutter Erde, die Verbundenheit zu dir selbst und die Verbundenheit zum Weiblichen. Und fülle dich voll und ganz mit dieser weiblichen Energie auf. ♥

In dieser kleinen Meditation geht es darum, dass du dich nicht nach oben hin verbindest, sondern nach unten hin – eben mit Mutter Erde.

Das bedeutet keinesfalls, dass ich die Verbindung nach oben, zum Universum, nach »außen«, nicht gutheiße oder davon abrate. Keineswegs. Ich liebe es, mich nach oben hin zu verbinden. Es hilft mir, meine medialen Fähigkeiten auszubauen und mich mit universeller, liebevoller und glasklarer Energie aufzufüllen.

Gleichzeitig spüre ich, wie heilsam und kraftvoll es sein kann, einmal ganz bei mir zu bleiben und Mutter Erde in mir einen Raum zu erschaffen, in dem sie mich mit allem versorgen kann, was Mutter Erde eben aus-

macht. Ich empfange. Ich bin weiblich, und ich gebe mich dieser weiblichen Energie hin.

Das ist aus meiner Sicht eine ganz andere magische Energie, die wir oft viel zu wenig nutzen.

Schau einmal, was sich für dich verändert, wenn du die weibliche Energie von Mutter Erde in dich hineinfließen lässt. Mit welchen Kräften und Eigenschaften nährt sie dich? Was lehrt sie dich? Wie fühlst du dich anschließend? Und wie beeinflusst dies deinen Alltag?

Gönne dir zwischendurch immer mal wieder die weibliche, nährende, wärmende, kraftvolle, mütterliche Energie von Mutter Erde. Und spüre, dass du Mutter Erde BIST. ♥

Ich möchte dir gern an dieser Stelle noch davon berichten, welches Bild ich vor meinem inneren Auge sah, als ich diese Übung schrieb: Ich sah eine Frau, die mit der Erde verschmolzen war. Im Körper dieser Frau sah ich all das, was wir auch auf der Erde sehen können: Bäume, Wasser, Blumen, Tiere, Erde, Steine, Muscheln, Sand, Fische, Flüsse, Berge, Täler und Hügel, weite Wiesen, dichten Ur-Wald. Die Frau stellte ihren Körper als Raum zur Verfügung. Ihr Körper war ein Raum, in dem sich alles fand, was Mutter Erde ausmacht, und alles war in Bewegung, alles floss, alles veränderte sich. Nichts blieb, wie es war. Alles unterlag einem ewigen Wandel, Veränderung, Zyklen. Und diese Frau war mit all diesen Eigenschaften der Mutter Erde wunderschön, kraftvoll und nährend.

Wenn wir uns mehr Magie in unserem Leben wünschen, dürfen wir uns mehr dieser weiblichen, fließenden Energie hingeben und sie in unser Leben einladen. So fließen auch manche große und kleine Wunder in unser Leben, die uns immer wieder daran erinnern, wie wundervoll wir sind. ♥

♥ ♥ ♥

ÜBUNG 19

Balance auf dem TANZ-SEIL

Das, was ich dir in dieser Übung näherbringen möchte, liegt mir sehr am Herzen, denn ich weiß, welch starken (negativen) Einfluss es auf unsere Verbindung zu uns selbst hat, wenn wir die Balance unseres Lebens nicht finden.

Worum geht es genau?

Stelle dir vor, dass das Tanz-Seil dein Leben ist bzw. dass hier dein Leben stattfindet. Um deinen Tanz auf dem Seil gut zu meistern, ist es sinnvoll, die Balance zu halten. Du kannst experimentieren, verschiedene »Figuren« testen, unterschiedliche Tänze und Highlights einstudieren und dich auf deinem Tanz-Seil richtig austoben. Wichtig ist nur, dass du die Balance nicht verlierst, denn sonst kannst du abstürzen und dich verletzen.

Diese Balance sorgt für deine körperliche, emotionale und geistige Sicherheit. Klar, im Leben gibt es immer Höhen und Tiefen, und diese Berg- und Talfahrten sorgen dafür, dass uns nicht langweilig wird und wir uns weiterentwickeln können. LEBEN bedeutet Vollkommenheit, und da ist alles inklusive: lustige Zeiten, traurige Zeiten, leichte Zeiten und sorgenvolle Zeiten. Das ist uns naturgemäß so gegeben, und wir müssen lernen, die Dinge so zu nehmen, wie sie kommen. Trotzdem haben wir auch einen großen Einfluss darauf, wie ausbalanciert unser Leben ist.

Wir sind dem Leben nicht ausgeliefert, sondern wir verfügen über eine große Portion Schöpferkraft und können uns unser Leben größtenteils so einrichten, wie wir es möchten.

Mache dir einmal bewusst, wie viele Bereiche dein Leben ausmachen. Eine Menge, oder? Da gibt es die Liebe/Partnerschaft, Freundschaften, Gesundheit, Beruf, Finanzen, soziale Kontakte etc.

Wenn ich mit meinen Klientinnen arbeite, betrachten wir zunächst oft genau dieses Thema: die Lebensbereiche.

Wir schauen gemeinsam, wie erfüllt sich die verschiedenen Lebensbereiche anfühlen (auf einer Skala von 0–10, wobei 10 für die größtmögliche Erfüllung steht) und tragen die Werte dann in ein Lebensrad ein. Anschließend nehmen wir einen Stift, verbinden das Ganze und sehen, wie rund das persönliche Rad des Lebens wirklich läuft.

TIPP

Am Ende dieses Buches habe ich ein Blanko-Lebensrad für dich vorbereitet. Zudem findest du dort weiteres Arbeitsmaterial, damit du mit den Erkenntnissen aus dem Lebensrad weiterarbeiten kannst.

Es ist normal, dass es in manchen Lebensbereichen gut läuft und in anderen weniger gut. Und oft wiegt ein sehr guter Bereiche den eher schlechten Bereich auf. Es kann ja nicht immer alles rosig laufen.

ABER es kann durchaus sein, dass es in EINEM Lebensbereich so schlecht läuft, dass sich das auf andere Bereiche auswirkt, in denen es eigentlich ganz gut läuft.

Aber was haben die verschiedenen Lebensbereiche nun mit deiner Verbindung zu dir selbst zu tun?

Nun, ich persönlich spüre immer wieder, wie wichtig es ist, sich rundum wohl und zufrieden zu fühlen. Und damit meine ich noch nicht einmal, dass alles super laufen muss. Es geht eher darum, dass die Lebensbereiche überhaupt erst einmal bewusst wahrgenommen werden.

Ich habe oftmals, wenn ich meine Lebensbereiche reflektierte, festgestellt, dass es im Bereich »soziale Kontakte« einen echten Mangel gab. Viel zu oft war ich

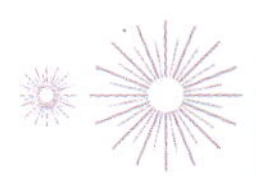

nur auf die Familie fokussiert und habe mich in die Arbeit gestürzt. Irgendetwas in mir machte mich traurig. Irgendetwas stimmte nicht, auch wenn nach außen alles gut war. Es gab einen vertrockneten Anteil in mir, den ich nicht richtig fassen konnte.

Als ich mich dann näher mit den Lebensbereichen beschäftigt hatte, wurde mir klar, dass ich hier wirklich einmal intensiver hinschauen durfte. Diese Bewusstwerdung war sehr heilsam für mich, und ich wusste, was ich zu tun hatte: mehr soziale Kontakte aufbauen und dafür aktiv etwas tun. So suchte ich noch aktiver und bewusster den Kontakt zu Menschen. Freundschaften. Gute Beziehungen. Enge Kontakte. Auf privater Ebene.

Und siehe da, dieser vertrocknete Anteil in mir wurde wieder schön, und meine Verbindung zu mir selbst und zu »allem, was ist« bekam einen enormen Schub.

Für mich war das eine sehr wichtige Erkenntnis. Ich lernte, dass alle Anteile in mir und alle Bereiche meines Lebens meine Aufmerksamkeit verdienen.

Ich merke es beispielsweise auch immer gleich, wenn ich den Bereich »Gesundheit« vernachlässige und z. B. weniger Sport mache. Dann fühle ich mich müde, energielos und schlapp. Das sorgt nicht gerade für einen guten Draht nach oben.

Genau andersherum ist es dann, wenn ich wieder mit Sport loslege und jeden Tag meinen Körper bewege und trainiere. Das hat enormen Einfluss auf meine Verbindung zu meinem Herzen und macht mich empfänglich für die Botschaften des Universums.

Die Verbindung zu dir, zum Universum, zu deinem Herzen und zur Geistigen Welt fällt dir eher zu (Zufall), wenn du »saftig« bist, wenn du also dafür sorgst, dass es dir gut geht.

Wenn du dich innerlich ausgetrocknet fühlst, sozusagen wie ein trockenes Flussbett, dann fließt es einfach nicht. Wenn du hingegen gut für dich sorgst und darauf achtest, dass die verschiedenen Lebensbereiche auf deinem Lebensrad ein paar Bonuspunkte bekommen, dann fühlst du dich einfach glücklicher. Und das

Gefühl der Freude verstärkt die Verbindung. Ganz automatisch. Denn letztendlich bekommst du das, was du ausstrahlst.

Fühlst du dich glücklich und erfüllt und somit freudvoll und lebendig, so wirst du die Wunder des Lebens leichtfüßig in dein Leben ziehen.

Wenn du dein Blanko-Lebensrad ausgefüllt hast, schau dir einmal ganz bewusst an, was in deinem Leben gut läuft und in welchem Bereich es noch ordentlich Potenzial nach oben gibt.

Du wirst dich wundern, denn oftmals ist uns gar nicht bewusst, dass es da einen Bereich in unserem Leben gibt, der entweder gar nicht wirklich existiert oder eben tatsächlich sehr düster aussieht.

Mit dem Lebensrad kannst du tiefe Erkenntnisse gewinnen. Vielleicht siehst du auf einmal ganz klar, warum du dich z. B. immer irgendwie traurig, deprimiert oder einfach latent unglücklich fühlst. Vielleicht gibt es da einen Bereich in deinem Leben, der für dein Wohlbefinden EIGENTLICH sehr wichtig ist, der aber brachliegt.

Schau dir dein persönliches Lebensrad genau an, und entscheide dann, welchen Bereich deines Lebens du verbessern möchtest. Anschließend erstelle dir dazu einen Plan. Zur Unterstützung steht dir am Ende dieses Buches das Arbeitsmaterial »Dein Lebensrad« zur Verfügung.

Du kannst dich mit dem Lebensrad übrigens immer mal wieder neu ausrichten, indem du die einzelnen Bereiche betrachtest. Das wirkt Wunder und unterstützt dich dabei, dich noch besser zu fühlen und zu spüren und deine Herzensstimme besser zu hören.

Innere Themen bearbeiten

Diese Übung ist mit ein wenig Anstrengung verbunden.

Es gibt sie also doch, die Anstrengung! Es ist wohl doch nicht immer alles so einfach, magst du jetzt vielleicht denken.

Ich sage mal so: Diese Übung unterscheidet sich ein wenig von den anderen Möglichkeiten, die du so hast, um deinen spirituellen Kanal zu öffnen. Man könnte auch sagen, dass diese zwanzigste Übung sehr wichtig ist, damit die anderen, vorherigen Übungen noch leichter gehen.

Grundsätzlich gilt: Je mehr du dich selbst mit ...

- alten Themen,
- negativen Glaubenssätzen,

- hemmenden Denkmustern,
- alten, negativen Gefühlen
- und alten, negativen Erinnerungen

… identifizierst, desto angehafteter bist du an all diese Themen und desto schwieriger ist es, die Verbindung zu deinem Herzen und zu »allem, was ist« spüren zu können.

Stelle es dir so vor: Der ganze alte Kram vergangener Zeiten, der ganze alte »Schmodder«, klebt an dir, wenn du diese Dinge nicht bearbeitest. Je mehr du glaubst, dieser alte »Schmodder« **zu sein,** desto klebriger ist das Zeug, desto schwieriger ist es, die innere Stimme wahrzunehmen und desto weniger Botschaften und Impulse kannst du sehen, hören, riechen, schmecken und fühlen.

Jedes einzelne Thema, jedes einzelne negative Gefühl, das uns quält ***(und mit dem wir übrigens unsere Zukunft gestalten),*** lohnt sich, aufgelöst zu werden. ♥

Wir dürfen uns von der Vergangenheit lösen. Damit meine ich nicht, dass wir sie löschen. Es geht eher darum, das alte Drama nicht weiterhin in unseren Zellen zu speichern.

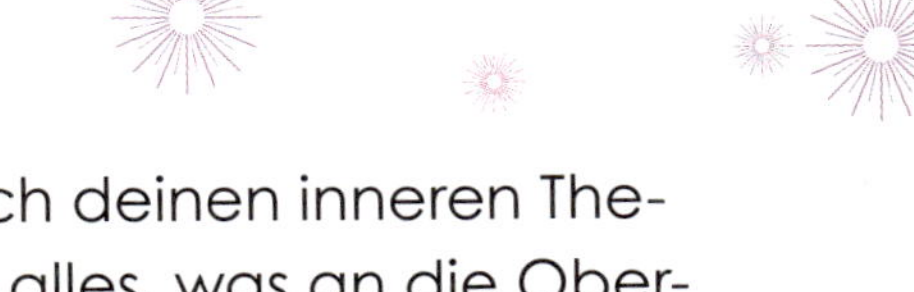

Mein Aufruf an dich: Stelle dich deinen inneren Themen. Nimm sie an. Bearbeite alles, was an die Oberfläche kommt. Das sind Geschenke, auch wenn es sich erst einmal nicht so anfühlt. Jedoch, was an die Oberfläche kommt, kann bearbeitet werden, kann aufgelöst werden, und der Weg in dein Leben voller Wunder wird immer freier.

Ich weiß, dass viele Menschen versuchen, alten Schmerz immer wieder wegzudrücken, zu vertuschen, zu verheimlichen, zu verstecken. Doch genau das ist es, was die Menschen letztendlich daran hindert, zum Schöpfer ihres Lebens zu werden. Genau das.

Versprich dir selbst, dich ab sofort deinen Themen zu stellen. Jeder Mensch hat innere Themen. Du bist nicht allein damit. Wir sitzen alle im selben Boot. Das ist eben unsere menschliche Seite. Und diese menschliche Seite ist vollkommen okay und macht das Leben ja erst spannend.

Wer anerkennt, dass seine Themen menschlich sind und dass er in Wirklichkeit viel mehr ist als dieser menschliche Teil, dem kann es großen Spaß machen, aus dieser Perspektive heraus »Probleme« anzugehen.

Ich möchte nicht sagen, dass die Bearbeitung und Auflösung der inneren Themen die Voraussetzung da-

für sind, dass wir uns verbunden fühlen können, und wir nur dann auf Empfang stehen. Jedoch fallen auf diese Weise alle anderen Übungen, die ich in diesem Buch vorgestellt habe, leichter. Es wird einfacher. Einfach herrlich.

Es geschehen Wunder. Der Zauber des Lebens wird uns zuteil. Es wird magisch. Wundersam. Heilsam.

Deshalb: Bearbeite deine Themen. Drücke sie nicht weg. Nimm sie an, als Geschenk, das dich in die Magie des Lebens führt.

Beginne, dich mit dir selbst zu beschäftigen. Beschäftige dich mit …

- deinen Lebensbereichen,
- deinen Werten,
- deinen inneren Themen,
- deiner persönlichen Weiterentwicklung,
- deiner spirituellen Seite,
- deiner durch und durch menschlichen Seite,
- deinen Träumen, Wünschen und Visionen,
- deinen Ängste, Blockaden und Herausforderungen
- und mit allem, was dich begeistert, inspiriert und glücklich macht.

Es lohnt sich sowas von!

Gut zu wissen

Bevor wir in den Praxisteil starten, habe ich noch ein paar Infos für dich.

Wenn wir die Übungen dieses Buches auf einen gemeinsamen Nenner bringen möchten, dann können wir sagen, dass es im Grunde darum geht, dich für einen Moment von der Vergangenheit zu lösen – nämlich dadurch, dass du immer öfter im Hier und Jetzt lebst und dich so immer weniger mit deinen alten Prägungen identifizierst.

Wenn du im Hier und Jetzt bist, Vergangenes hinter dir lässt und dich dem Moment hingibst, verbindest du dich mit deiner Schöpferenergie. Dein Verstand und dein Ego sind für einen Moment still, und du wirst empfänglich für deine innere Stimme und für Botschaften und Impulse von außen.

Wenn du in einen entspannten Zustand gehst, verändert sich die Frequenz deiner Gehirnwellen: Dein Gehirn schaltet in den Alpha- oder Theta-Zustand.

Kleiner Ausflug ins Thema »Gehirnwellen« gefällig? Gerne.

Unser Gehirn sendet verschiedene Gehirnwellen-Frequenzen. Tagsüber sind wir meistens im **Beta-Zustand.**

In diesem Zustand lernen, kommunizieren, reden wir. Hier gibt es drei Unterteilungen: niedrig, mittel und hoch. Wenn du richtig im Stress bist, bist du in einem hohen Beta-Zustand. In diesem Zustand ist es für dich unmöglich, dich für Botschaften und Wunder zu öffnen, du bist viel zu sehr mit dem Außen beschäftigt.

Dann gibt es den **Alpha-Zustand.** Dies ist ein entspannter, meditativer Zustand. Hier sind Tagträumereien möglich. Der Alpha-Zustand ist zudem für die Heilung sehr wichtig. Wenn du meditierst, dich entspannst und ruhig fühlst, bist du wahrscheinlich im Alpha-Zustand.

Wenn du noch tiefer in die Entspannung gehst oder auch in die Trance, beginnt dein Gehirn **Theta-Wellen** zu produzieren. In diesem Zustand bist du natürlicherweise und automatisch immer kurz vor dem Einschlafen und kurz nach dem Aufwachen. Im Theta-Zustand kannst du dich mit deinem Unterbewusstsein verbinden. (Auf dieser Grundlage basiert auch das Theta-Healing.) Hier findest du die stärkste Entspannung.

Delta-Wellen sendet dein Gehirn dann, wenn du dich im Tiefschlaf befindest.

Es gibt übrigens noch den **Gamma-Wellen-Zustand.** Das ist eine sehr, sehr hohe Frequenz, höher als der Beta-Zustand und noch nicht völlig erforscht. Dieser

Zustand wird mit Meditation und extremer Fokussierung und Konzentration in Verbindung gebracht.

Fakt ist, dass die Alpha-, Theta- und Gamma-Wellen für die energetische Heilung sehr wichtig sind. Außerdem werden in diesen Gehirnwellen-Zuständen …

- Stress gemildert,
- Ängste reduziert,
- kreatives Denken gefördert,
- innere Bilder begünstigt,
- Schmerz gelindert,
- geistige Klarheit bewirkt etc.

Die Übungen, die ich dir in diesem Buch vorgestellt habe, fördern diese Gehirnwellen-Frequenzen und machen dir dein Unterbewusstsein zugänglich. Du holst dein Gehirn immer öfter aus der Beta-Frequenz heraus und löst somit deinen Fokus vom turbulenten Außen. So wirst du offen für Botschaften und Impulse, kannst deine innere Stimme immer öfter wahrnehmen und entwickelst ein Gespür für »wundersame Zufälle«, die plötzlich nicht mehr im Verborgenen liegen.

Du öffnest dich regelrecht für eine neue Welt voller Wunder und Magie. Und genau das ist es ja auch, was du möchtest und weshalb du dieses Buch gekauft hast.

Die einzige Herausforderung liegt darin, dir Zeit für die Übungen zu nehmen und sie in deinen Alltag zu integrieren. Wenn du das tust, wenn du dranbleibst, dich regelrecht verliebst und dir ein Leben ohne diese kleinen Wunderwerke nicht mehr vorstellen magst, dann bist du auf dem richtigen Weg. Und den Unterschied wirst du spüren. Jeden Tag aufs Neue. ♥

Noch eine letzte Anmerkung, die ich für sehr, sehr wichtig halte:

Was deine Intuition oder deine innere Stimme dir sagt, ist nicht immer angenehm und nicht immer der leichte Weg. Deine innere Stimme will dich in ein Leben führen, in dem du Schöpfer bist und in dem du dein bestes SELBST und dein volles Potenzial leben kannst. Dein Herz will, dass du strahlst und leuchtest, dass du deine inneren Geschenke auspackst und sie mit der Welt teilst.

Deine innere Stimme wird dir manches Mal zuflüstern: »Tue es!«, während du denkst: »Oh nein, davor habe ich Angst, das traue ich mir nicht zu.« Doch deine innere Stimme wird sich immer wieder zu Wort melden und bei dir Dinge »in Auftrag geben«, die dir zunächst unangenehm erscheinen – eben weil du Angst hast und dir in manchen Dingen noch Selbstvertrauen fehlt.

Bedenke stets: Es geht nicht darum, dass du nur Impulse empfängst, die dir auf Anhieb Freude machen. Manchmal erfordern die Hinweise und Botschaften, aus der eigenen Komfortzone herauszutreten. Deine Knie schlottern. Dein Herz schlägt schneller. Dann spüre einmal genau in dich hinein, von wem du dich da gerade leiten lässt (von deiner Angst?) und wem du den Rücken zukehrst (deiner inneren Stimme?).

Ich finde es ganz wichtig, dies unterscheiden zu lernen.

Und da du jetzt weißt, dass die innere Stimme eben nicht nur Hinweise und Impulse gibt, die dich sofort begeistern, fällst du auf den Trick der Angst nicht mehr so schnell rein. Am Anfang steht immer das Bewusstwerden. Sind dir die Dinge bewusst, können sie dich nicht mehr unbewusst blockieren und hemmen.

Und jetzt wünsche ich dir von Herzen ganz, ganz viel Freude und gutes Gelingen bei der Umsetzung der Übungen.

Deine Sabine

Praxisteil

Einmal durchatmen, bitte …

Du hast jetzt einige Übungen kennengelernt, die deine Intuition schulen und dich empfänglich machen für Botschaften, Ideen und Anregungen von innen und außen.

Nur zu gut kenne ich die Verführung, der wir unterliegen, wenn wir ein Buch zu Ende gelesen haben und uns das nächste Buch bereits anlacht. Dann greifen wir schnell zum nächsten und häufen unser Wissen weiter an. (Übung 16: Fasten einmal anders.) Wir lernen und entdecken gute Ideen, die wir gern umsetzen möchten, bleiben aber im Lernmodus stecken und finden nur schwer in die Umsetzung.

Generell möchte ich dich fragen: Was setzt du aus den gelesenen Büchern eigentlich wirklich um? Und geht es dir auch so, dass du von einem Buch zum nächsten ziehst und du, wenn du mal ganz ehrlich in dich hineinspürst, absolut überfüttert bist mit all den Methoden und Möglichkeiten, die sich dir bieten? Denkst du auch manchmal, während du ein tolles Buch liest: »Boah, das muss ich unbedingt anschließend noch einmal lesen. So viel toller Input«, und dann greifst du doch wieder zum nächsten Buch, und der ganze Input aus dem letzten Buch ist vergessen? Ich bin ehrlich. Mir ist es schon oft so ergangen. Dabei ist das so schade.

Ich will nicht sagen, dass wir weniger lesen sollten. Bücher sind einfach wundervoll. Ich persönlich liebe sie so sehr, dass ich schon eine richtig »kleine« Sammlung zu Hause habe, die ich auch immer mal wieder zur Hand nehme. Aber ich weiß auch, dass in vielen Büchern, die wir lesen, noch viel mehr Magie stecken würde, wenn wir nur endlich einmal wirklich etwas von dem Geschriebenen umsetzen würden. Also, so wirklich wirklich, meine ich. Mit offenem Herzen und einer Portion Neugierde und Konsequenz.

Doch zu schnell fallen wir in die alten Muster, in die alte Sucht. Wissen anhäufen, lernen, theoretisch alles abklopfen. Aber wie sich das Ganze dann PRAKTISCH anfühlt, das erfahren wir oftmals nicht, weil wir eben immer wieder im Theoriemodus stecken bleiben.

Ich möchte mit diesem kleinen Praxisteil eine Brücke bauen – eine Brücke von der Theorie in die Praxis. Ich möchte es dir leicht machen, in die Umsetzung zu finden. Denn die Magie deines Lebens entfaltet sich durch dein Tun, durch deine Entscheidungen, durch deine Handlungen. Und dies ist nicht mit ständigem Aktionismus gleichzusetzen. Wenn du z. B. in die Stille gehst, ist das eine bewusste Handlung, auch wenn du augenscheinlich nichts tust.

Ich wünsche mir, ...

- dass du spielst.
- dass du experimentierst.
- dass du abwägst.
- dass du reinspürst.
- dass du ausprobierst.
- dass du auf Herz und Nieren prüfst, ob eine Übung und welche für dich stimmig ist.

Wenn du alles einmal ausprobierst und dich wirklich in die Prozesse hineinbegibst, wenn du dein Herz öffnest und einfach mit Zuversicht, Begeisterung und Neugierde in die Übungen startest, dann wirst du sehr genau spüren, welche Übungen »wie für dich gemacht« sind. Du wirst erfahren, wie es sich anfühlt, deinen persönlichen Zugang zu finden – Zugang zu dir, zum Universum, zu »allem, was ist«.

Ich wünsche mir, dass du deinen Zugang findest, dass du spürst, an welcher Stelle es leicht geht und dass du die magische Quelle (oder auch die magischen Quellen) findest, die dein Leben bereichern und ihm eine genussvolle Süße verleihen.

Die folgenden Seiten sind Arbeitsseiten. Sie sollen dir einen Anstoß geben, aktiv zu werden, und dir helfen, in die Umsetzung zu finden. Du kannst die folgenden Seiten ausfüllen, beschriften, anmalen, verzieren und schmücken. Du kannst mit ihnen Pläne schmieden, reflektieren, experimentieren. Sie helfen dir dabei, mit Freude und Begeisterung deine Lieblingsübungen zu entdecken und sie in deinen Alltag zu integrieren.

Es geht dabei weniger darum, so viel wie möglich zu tun. Es geht darum, das, was du tust, mit Freude zu tun.

Vielleicht entdeckst du ein oder zwei Übungen für dich, die dein Leben auf zauberhafte Weise bereichern – Übungen, die dein Leben magischer und DICH glücklicher machen.

Vielleicht verliebst du dich in eine dieser Übungen, weil du spürst, dass sich dein Leben auf wundersame Art zu verändern beginnt. Und vielleicht möchtest du dann nie wieder ohne diese Übung sein. Vielleicht entpuppt sich eine dieser Übungen als dein goldener Schlüssel, der dir Zugang zu noch unentdecktem Potenzial ermöglicht. Oder du entdeckst eine Übung, die sich wie ein verlorenes Puzzleteil anfühlt, das du glaubtest, verloren zu haben, und nun wiedergefunden hast. ♥

Dieses Buch ist das, was du daraus machst.

Du kannst durch die hier genannten Übungen die Magie deines Lebens entfesseln. Du kannst dich mithilfe dieser Übungen mit DIR verbinden, mit dem Universum verbinden und dich auf Empfang stellen. Du wirst empfänglich für Ideen, Impulse und Botschaften, die dein Leben bereichern und es dir ermöglichen, ein Leben voller Magie und Wunder zu leben.

Das bedeutet nicht, dass dein Leben ab sofort nur noch »pink mit Glitzer« ist, denn wir alle haben die Herausforderungen des Lebens zu meistern. Wir alle erfahren Licht und Schatten. Wir alle tragen die Polarität in uns und erkennen sie auch im Außen. Und wir alle erleben Höhen und Tiefen. ABER, wenn du dich mit dir und dem Universum verbindest und wenn du empfänglich bist für all die wundervollen Botschaften und Impulse des Lebens, dann kannst du auch die stürmischen Zeiten deines Lebens meistern. Du bist im Vertrauen. Und dieses Vertrauen ist der magische Schlüssel, der deinem Leben die Leichtigkeit verleiht, die du dir sehnlich wünschst, wenn sich dein Leben einmal schwer anfühlt.

Ich wünsche mir für dich absolute Verbundenheit und tiefes Vertrauen. Vertrauen in den Sinn, der hinter jedem noch so kleinen Detail verborgen liegt.

Und ich wünsche mir für dich, dass du mit den Übungen dieses Buches die Magie deines Lebens entfesselst. ♥

Mein Tipp: Plane für jede Übung eine Testphase von einer Woche ein. So kannst du mit jeder Übung wundervoll experimentieren und Erfahrungen sammeln. Deine Erfahrungen kannst du in der ersten Woche direkt in diesem Buch notieren. Sollte der Platz zum Schreiben nicht ausreichen, hast du auf meiner Webseite die Möglichkeit, weitere Arbeitsblätter zu diesem Buch herunterzuladen. Kostenfrei und ohne Anmeldung (www.sabinebromkamp.de/downloads-zum-buch)

So bleibst du am Ball und entdeckst Stück für Stück deine Lieblingsübungen. Ich wünsche dir dabei unglaublich viel Freude.

Deine Lieblingsübungen

In diesem Buch findest du 20 Übungen. Wähle zunächst 3 Übungen aus, die du als Erstes ausprobieren möchtest.

Übung 1: ....

Übung 2: ....

Übung 3: ....

Dein Wochenplan

ÜBUNG:

....

Ich experimentiere mit dieser Übung

vom .... bis zum ....

So möchte ich mich jeden Tag selbst daran erinnern, diese Übung in meinen Alltag zu integrieren (Post-it, Symbol, Postkarte am Kühlschrank, Zettel unterm Kopfkissen o. Ä.):

....

....

Das wünsche ich mir von dieser Übung:

....

....

Mein 1. Tag mit Übung ....

So hat mir der 1. Tag mit dieser Übung gefallen, auf einer Skala von 1 (gar nicht gut) bis 10 (extrem gut):

☐1 ☐2 ☐3 ☐4 ☐5 ☐6 ☐7 ☐8 ☐9 ☐10

So fühle ich mich heute durch diese Übung:

☐ unverändert ☐ zuversichtlich
☐ motiviert ☐ begeistert ☐ glücklich
☐ gespannt auf die nächsten Tage ☐ überrascht

☐ Sonstiges: ....

Notiere hier deine Erfahrungen, die du am 1. Tag mit dieser Übung gemacht hast:

....

....

....

....

Mein 2. Tag mit Übung ....

So hat mir der 2. Tag mit dieser Übung gefallen, auf einer Skala von 1 (gar nicht gut) bis 10 (extrem gut):

☐1 ☐2 ☐3 ☐4 ☐5 ☐6 ☐7 ☐8 ☐9 ☐10

So fühle ich mich heute durch diese Übung:

☐ unverändert ☐ zuversichtlich
☐ motiviert ☐ begeistert ☐ glücklich
☐ gespannt auf die nächsten Tage ☐ überrascht

☐ Sonstiges: ....

Notiere hier deine Erfahrungen, die du am 2. Tag mit dieser Übung gemacht hast:

....

....

....

....

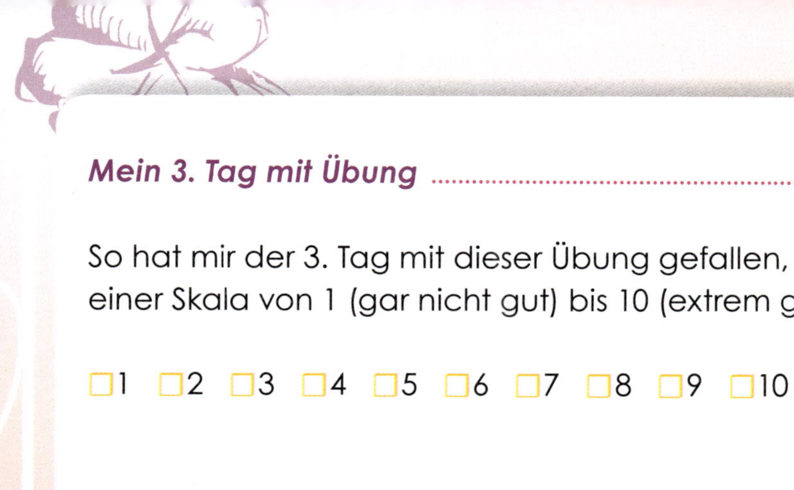

Mein 3. Tag mit Übung ....

So hat mir der 3. Tag mit dieser Übung gefallen, auf einer Skala von 1 (gar nicht gut) bis 10 (extrem gut):

☐1 ☐2 ☐3 ☐4 ☐5 ☐6 ☐7 ☐8 ☐9 ☐10

So fühle ich mich heute durch diese Übung:

☐ unverändert ☐ zuversichtlich
☐ motiviert ☐ begeistert ☐ glücklich
☐ gespannt auf die nächsten Tage ☐ überrascht

☐ Sonstiges: ....

Notiere hier deine Erfahrungen, die du am 3. Tag mit dieser Übung gemacht hast:

....

....

....

....

Mein 4. Tag mit Übung ....

So hat mir der 4. Tag mit dieser Übung gefallen, auf einer Skala von 1 (gar nicht gut) bis 10 (extrem gut):

☐1 ☐2 ☐3 ☐4 ☐5 ☐6 ☐7 ☐8 ☐9 ☐10

So fühle ich mich heute durch diese Übung:

☐ unverändert ☐ zuversichtlich
☐ motiviert ☐ begeistert ☐ glücklich
☐ gespannt auf die nächsten Tage ☐ überrascht

☐ Sonstiges: ....

Notiere hier deine Erfahrungen, die du am 4. Tag mit dieser Übung gemacht hast:

....

....

....

....

Mein 5. Tag mit Übung ……………………………………………

So hat mir der 5. Tag mit dieser Übung gefallen, auf einer Skala von 1 (gar nicht gut) bis 10 (extrem gut):

☐1 ☐2 ☐3 ☐4 ☐5 ☐6 ☐7 ☐8 ☐9 ☐10

So fühle ich mich heute durch diese Übung:

☐ unverändert ☐ zuversichtlich
☐ motiviert ☐ begeistert ☐ glücklich
☐ gespannt auf die nächsten Tage ☐ überrascht

☐ Sonstiges: ……………………………………………

Notiere hier deine Erfahrungen, die du am 5. Tag mit dieser Übung gemacht hast:

……………………………………………

……………………………………………

……………………………………………

……………………………………………

Mein 6. Tag mit Übung ....

So hat mir der 6. Tag mit dieser Übung gefallen, auf einer Skala von 1 (gar nicht gut) bis 10 (extrem gut):

☐1 ☐2 ☐3 ☐4 ☐5 ☐6 ☐7 ☐8 ☐9 ☐10

So fühle ich mich heute durch diese Übung:

☐ unverändert ☐ zuversichtlich
☐ motiviert ☐ begeistert ☐ glücklich
☐ gespannt auf die nächsten Tage ☐ überrascht

☐ Sonstiges: ....

Notiere hier deine Erfahrungen, die du am 6. Tag mit dieser Übung gemacht hast:

....

....

....

....

Mein 7. Tag mit Übung ....

So hat mir der 7. Tag mit dieser Übung gefallen, auf einer Skala von 1 (gar nicht gut) bis 10 (extrem gut):

☐1 ☐2 ☐3 ☐4 ☐5 ☐6 ☐7 ☐8 ☐9 ☐10

So fühle ich mich heute durch diese Übung:

☐ unverändert ☐ zuversichtlich
☐ motiviert ☐ begeistert ☐ glücklich
☐ gespannt auf die nächsten Tage ☐ überrascht

☐ Sonstiges: ....

Notiere hier deine Erfahrungen, die du am 7. Tag mit dieser Übung gemacht hast:

....

....

....

....

Reflexion zur Übung ....

So hat mir die Übung insgesamt gefallen, auf einer Skala von 1 (gar nicht gut) bis 10 (extrem gut):

☐1 ☐2 ☐3 ☐4 ☐5 ☐6 ☐7 ☐8 ☐9 ☐10

Das hat mir an dieser Übung gefallen:

....

....

....

....

Das hat mir an der Übung nicht gefallen:

....

....

....

....

Das habe ich an der Übung verändert:

....

....

....

Diese Übung tut mir gut:

☐ ja ☐ nein

Ich möchte diese Übung in mein Leben integrieren:

☐ ja ☐ nein

Sonstige Notizen:

....

....

....

....

....

So, nun hast du eine Übung eine Woche lang ausprobiert. Sicherlich hast du einige neue Erfahrungen sammeln können.

Vielleicht möchtest du hier noch einmal die wichtigsten Erkenntnisse, Botschaften und Impulse notieren, die dich in dieser Woche erreicht haben. Vielleicht hast du durch die Übung eine Erkenntnis gewonnen, die sehr wichtig und hilfreich für dich ist. Oder bist du mit einem bestimmten Gefühl konfrontiert worden, das du lange nicht mehr gespürt hast?

Was auch immer du in dieser ersten Woche durch diese Übung erlebt oder erfahren hast, schreibe es auf, reflektiere, spüre hinein, und erkenne es an.

Auf der folgenden Seite hast du Platz, all das, was dir bzgl. der ersten Woche auf dem Herzen liegt, noch einmal festzuhalten.

Du kannst, wenn du möchtest, richtig kreativ werden. Du kannst Farben benutzen, die deine Gefühle widerspiegeln. Du kannst Symbole zeichnen, die dir in den Sinn kommen. Und du kannst deine Zeilen verzieren und gestalten. Es gibt absolut keine Grenzen. Und wenn dir der Platz nicht ausreicht, dann denke daran, dass du dir auf meiner Webseite weitere Arbeitsblätter herunterladen kannst. ♥

Meine wichtigsten und berührendsten Erkenntnisse und Botschaften aus der ersten Woche:

Arbeitsmaterial:

Dein Lebensrad

(zu Übung 19: »Balance auf dem Tanz-Seil«)

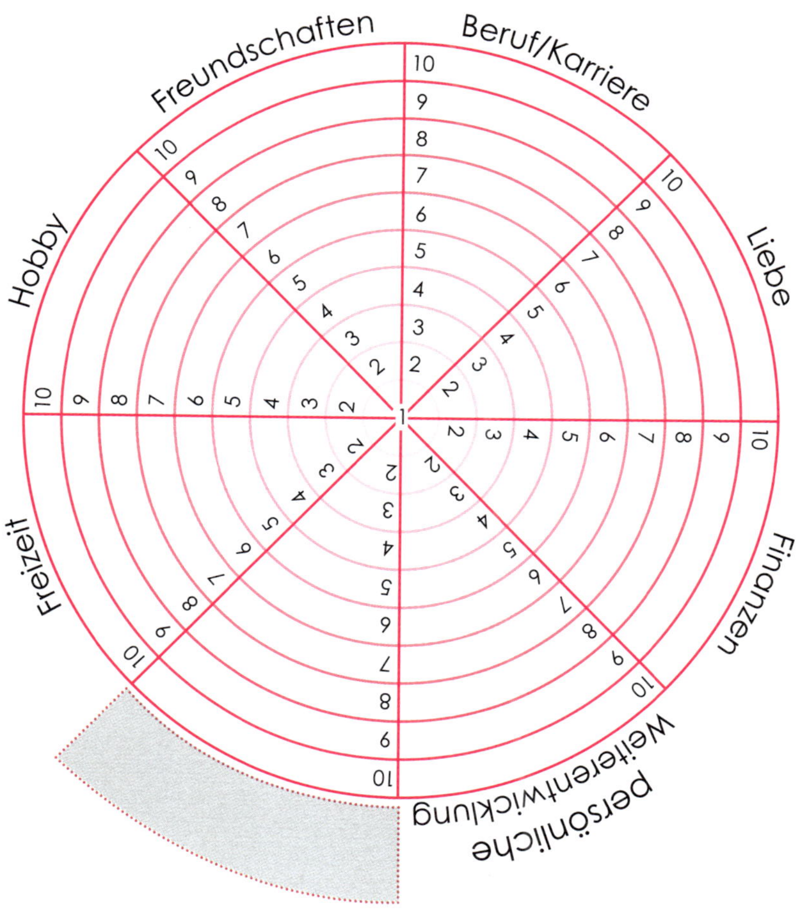

ANLEITUNG

In dem Lebensrad findest du verschiedene Lebensbereiche. Spüre einmal in dich hinein, wie erfüllt du dich in den verschiedenen Bereichen fühlst. 0 steht für »ich fühle mich in diesem Lebensbereich überhaupt nicht erfüllt«, und 10 steht für »ich fühle mich in diesem Lebensbereich so erfüllt, besser könnte es nicht sein«.

Wenn es dir schwerfällt, eine konkrete Zahl zu bestimmen, dann orientiere dich an der 5. Die 5 steht für das Mittelmaß. Fühlst du dich mehr als »mittelmäßig« erfüllt? Dann wäre eine Zahl über 5 passend. Andernfalls wähle eine Zahl unter 5. So kannst du dich langsam an eine für dich stimmige Zahl herantasten. Alternativ wähle die erste Zahl, die dir spontan in den Sinn kommt. Du kannst bei dieser Übung nichts falsch machen.

Wenn du für alle Lebensbereiche eine Zahl markiert hast, verbinde die Markierungen miteinander. So entsteht ein neuer »Kreis« mit Ecken und Kanten. Du kannst nun an deinem Lebensrad ablesen, wie erfüllt sich dein Leben bereits anfühlt und wie viel Potenzial nach oben vorhanden ist. Und genau da wollen wir ansetzen.

Ziel ist es, die Bereiche deines Lebens, die eine geringe Punktzahl erhalten haben, so umzugestalten, dass sich dein Leben einfach runder und erfüllter anfühlt. Wenn du dein persönliches Lebensrad ausgefüllt hast, dann schau dir die Bereiche an, die noch ordentlich Luft nach oben haben. Und genau mit diesen arbeitest du nach dem folgenden Beispiel:

Tipp: Weitere Blanko-Lebensräder und -Blätter zum Notieren deiner Gedanken, findest du auf meiner Webseite: sabinebromkamp.de/downloads-zum-buch

Beispiel:
Lebensbereich: Freundschaften
aktuelle Punktzahl: 4
Wie möchte ich mich fühlen?
Geborgen in einem sozialen Netz

Was kann ich tun, um innerhalb der nächsten Wochen eine höhere Punktzahl, also eine höhere Zufriedenheit, zu erreichen? Was kann ich selbst ganz aktiv tun, um in diesem Bereich mein Glück zu schmieden und mich so zu fühlen, wie ich mich fühlen möchte?
Idee 1: Martina anrufen und sie unterstützen
Idee 2: Mit Sandra einen Kaffee trinken
Idee 3: Holger ein kleines Geburtstagspräsent vorbeibringen
Idee 4: Mit Maria gemeinsam frühstücken
Idee 5: Einem Sportverein beitreten und neue Leute kennenlernen

Jetzt bist du dran: Notiere die Lebensbereiche, an denen du jetzt ganz aktiv arbeiten möchtest, und sammle Ideen, die dann natürlich auch von dir umgesetzt werden wollen. (Wichtig ist, dass du ins TUN kommst, nur dann wirst du Erfolge erzielen können.)

Und dann schau in zwei, drei oder vier Monaten noch einmal auf dein Lebensrad, und richte es neu aus.

Du wirst sehen, dass das großen Einfluss auf dein Wohlbefinden und somit auch auf deine Verbindung zu dir selbst und zum Universum hat.

Viele Freude dabei! Los gehts.

Lebensbereich: ....

aktuelle Punktzahl: ....

Wie möchte ich mich fühlen?

....

....

Was kann ich tun, um innerhalb der nächsten Wochen eine höhere Punktzahl, also eine höhere Zufriedenheit, zu erreichen?

Was kann ich selbst ganz aktiv tun, um in diesem Bereich mein Glück zu schmieden und mich so zu fühlen, wie ich mich fühlen möchte?

Idee 1: ....

....

Idee 2: ....

....

Idee 3: ....

....

Idee 4: ....

....

Idee 5: ....

....

Sonstige Bemerkungen: ....

....

Arbeitsmaterial:

Übungskarten

Auf den folgenden Seiten findest du 20 Kärtchen, die für die 20 Übungen dieses Buches stehen. Die Kärtchen dienen dir dazu, auf spielerische Weise an die Übungen heranzugehen. Vielleicht liebst du Überraschungen genauso wie ich? Wie wäre es dann, wenn du dir täglich, wöchentlich – oder wann immer du magst – eine Karte ziehst und die entsprechende Übung in deinen Alltag einlädst? Schneide dafür einfach alle Karten aus, und ziehe eine, wann immer du Lust hast. ***Du darfst gespannt sein, welche Übung als Nächstes auf dich wartet!***

Übungskarten

Übung 3

Lebenselixier Wasser

Übung 4

Himmlischer Empfang durch Nahrung

Übung 5

Erschaffung eines magischen Raumes

Übung 6

Tanz-Meditation

Übung 7

Fokus und Liebe für den Moment

Übung 8

Freude aktivieren

Übungskarten

Bewusstes Verbinden

Lasse dein Herz atmen

Magische Fragen formen dein Leben

Dein Seelen-Kraftplatz

Besuch im Badezimmer

Magisches Tönen: Das Herzenslied

Übungskarten

ÜBUNG 15

DIE MAGISCHE KRAFT DER MORGENSEITEN

ÜBUNG 16

FASTEN EINMAL ANDERS

ÜBUNG 17

TRÄUME SÜß

ÜBUNG 18

SEI MUTTER ERDE

ÜBUNG 19

BALANCE AUF DEM TANZ-SEIL

ÜBUNG 20

INNERE THEMEN BEARBEITEN

Über die Autorin

Sabine Bromkamp ist Heilpraktikerin (Psychotherapie), psychologische Beraterin und Glücks-Coachin für positive Lebensgestaltung. Zudem ist sie Autorin für die Magazine »Auszeit« und »Zeit zu leben«. Ihre Leidenschaft sind das Schreiben, die Spiritualität und die energetische Heilmethode ThetaHealing® von Vianna Stibal. Mit ihrer Tätigkeit als ThetaHealing-Coach und Wegbegleiterin unterstützt sie Frauen, die bereit sind, eine innere Reise anzutreten, um in ein glückliches, befreites und erfülltes Leben zu starten. So vielseitig wie sie selbst ist auch ihr Wirken. Sabine Bromkamp berührt und inspiriert. Sie hat die Gabe, einen Raum zu kreieren, der dazu einlädt, Schöpfer des eigenen Lebens zu werden.

www.wir-machen-glueck.de
www.sabinebromkamp.de

Besuchen Sie auch die Facebook-Gruppe zum Buch:
www.facebook.com/groups/153815455233483

Danke für deine REZENSION

– Gemeinsam sind wir mehr –

Liebe Leserin, lieber Leser,

von Herzen danken wir dir, dass du dieses Buch in den Händen hältst und es bis zum Ende gelesen hast. Das bedeutet uns, dem Schirner Verlag und seinen Autoren, sehr viel. Aus voller Überzeugung und mit Hingabe widmen wir uns seit vielen Jahren Themen, die unser aller Lebensqualität und Bewusstwerdung dienlich sind, und hoffen, einen Beitrag für eine lichtvollere Welt leisten zu können. Wenn dir unsere Arbeit gefällt, möchten wir dich bitten, dir einige Minuten Zeit zu nehmen, um dieses Buch zu rezensieren. Warum? Die meisten Menschen lesen Rezensionen, bevor sie ein Buch kaufen, da sie hierdurch einen Eindruck bekommen, ob und wie der Inhalt des Buches den Leser erreicht hat. Eine kurze Rezension ist dabei ebenso hilfreich wie eine lange, sehr ausführliche. Um es auf den Punkt zu bringen:

Eine Rezension ist heutzutage die beste Werbung für ein Autorenwerk!

Wenn du den Schirner Verlag und seine Autoren neben dem Buchkauf auch anderweitig unterstützen willst, dann bitten wir dich: Schreibe für jedes Werk eine Rezension – am besten auf der Seite, wo du es gekauft hast, und zusätzlich beim Schirner Verlag und bei Amazon. Das wäre nicht nur eine Wertschätzung für die Autoren, sondern kann dazu beitragen, dass die Verkaufszahlen steigen und der Schirner Verlag auch in herausfordernden Zeiten Bestand hat.

WIE SCHREIBT MAN EINE REZENSION?

Grundsätzlich sollte eine Rezension aus der eigenen, subjektiven Sicht geschrieben werden, da es sich um eine persönliche Meinung handelt. Du kannst in zwei Sätzen deine Gedanken zu dem Buch äußern oder eine längere Rezension verfassen. Falls du nicht weißt, wie du beginnen sollst, hier ein paar Anregungen:

- War das Buch leicht verständlich geschrieben? Wie hat dir die Sprache gefallen? Wie empfandest du die Aufteilung der verschiedenen Themen?
- War es unterhaltsam? War es deiner Meinung nach mit Herzblut und Liebe geschrieben? Wie hat es auf dich gewirkt?
- Hat es dein Herz berührt? Konntest du dich wiederfinden?
- War es tief greifend genug? Hast du viel Neues gelernt?
- Hat es gehalten, was der Titel und die Buchbeschreibung versprochen haben? Hat es deine Erwartungen erfüllt?
- Was macht das Buch besonders? Warum sticht es heraus im Vergleich zu anderen Büchern, die ein ähnliches Thema behandeln?
- Würdest du das Buch weiterempfehlen oder verschenken?

Bildnachweis

Bilder von der Bilddatenbank www.shutterstock.com:

Umschlag: #92194063 (©Kudryashka), #257810392 (©Olena Horiainova), #529478503 (©Olena Horiainova), #680198230 (©chyworks), #341320430 (©dwph)
Schmuckelemente auf allen Seiten: Herzen: #92194063 (©Kudryashka), Herzkette/ Herzen in Linie / Perlenkette: #162473483 (©Eva Kali), Rahmen (Übungen/Übungskarten): #176132768 (©Iriskana), goldene Glitterfüllung: #341320430 (©dwph), Kleeblatt: #257810392 (©Olena Horiainova), Ornament (Übungsseiten): #361827347 (©Neti.One-Love), Aquarell-Hintergrund: #154264892 (©pun photo)
Weitere Bilder: S.3/S.5: #419719306 (©Maya Kruchankova), S.6: #128700398 (©djgis), S.10: #274566236 (©Romolo Tavani), S.15: #212944696 (©Masson), S.17: #213223357 (©iravgustin), S.20: #560830744 (©Wonderful Nature), S.21/S.173: #167694614 (©Antonio Guillem), S.23: #378999631 (©eldar nurkovic), S.25/S.173: #208709620 (©Aleksandr Kutakh), S.26: #183245525 (©Dark Moon Pictures), S.30/S.175: #141594451 (©KAMONRAT), S.35/S.175: #506782705 (©VGstockstudio), S.36: #547639702 (©Photographee.eu), S.41/S.175: #673202947 (©Syda Productions), S.42: #108002708 (©Jacob Lund), S.47: #185709299 (©Peredniankina), S.48/S.175: #659602489 (©Evgeny Atamanenko), S.50: #386739940 (©Cozy Home), S.51/S.175: #543178831 (©oatawa), S.52: #363643658 (©oneinchpunch), S.55: #302498762 (©Subbotina Anna), S.56: #400992952 (©Yuganov Konstantin), S.59/S.177: #378659383 (©Comaniciu Dan), S.60: #482373457 (©Kazlouski Siarhei), S.62+177: #448177342 (©AstroStar), S.64: #221010295 (©AkumaPhoto), S.66/S.177: #1010888557 (©Olga Hmelevskaya), S.68: #524086885 (©oatawa), S.71/S.177: #270037865 (©Ditty_about_summer), S.74/S.177: #565813426 (©Alena Ozerova), S.76: #488713945 (©VGstockstudio), S.80: #589588283 (©FCSCAFEINE), S.85/S.177: #409808374 (©egilshay), S.86 : #178645091 (©Jack Frog), S.91/S.179: #275161592 (©A. and I. Kruk), S.94: #645785731 (©ju_see), S.98: #658438873 (©Teechai), S.102/S.179: #417586753 (©chainarong06), S.106: #296094794 (©Kseniia Perminova), S.114/S.179: #206107615 (©Yellowj), S.119/S.179: #390382129 (©TinnaPong), S.122: #41783314 (©Veronique G), S.124/S.179: #552965086 (©Eugenio Marongiu), S.128: #220848235 (©Ikoimages), S.131/S.179: #742075135 (©Helena Lansky), S.134: #672630631 (©Ditty_about_summer), S.147: #127447856 (©stef brown), S.173–179: #770911096 (©revoltan),